世界史×日本史
講座:わたしたちの歴史総合6

日本史の政治哲学

非西洋的民主主義の源流

小路田 泰直
歴史総合研究会編

かもがわ出版

講座：わたしたちの歴史総合 世界史×日本史 刊行にあたって

「講座：わたしたちの歴史総合」は、「歴史総合」からの問いかけに対するひとつの応答である。

二〇〇六年に起きた世界史未履修問題に端を発して、歴史教育の見直しがはじまった。日本学術会議による高校地理歴史科についての「歴史基礎」「地理基礎」科目設置の提言（最初の提言は二〇一一年）、高大連携歴史教育研究会による入試と教科書の歴史用語精選の提案、中央教育審議会での議論など、さまざまな意見が出てきた。

これらの提言・意見をふまえて、二〇一八年三月に「高等学校学習指導要領」が告示された。歴史教育については、「歴史総合」（必修科目二単位）と「日本史探求」「世界史探求」（選択科目各三単位）が設置された。「歴史総合」は二〇二二年度、「日本史探求」「世界史探求」は二〇二三年度から授業を開始することになった。

新しい三科目、とくに「歴史総合」は、これまでの指導要領と抜本的に異なる性格をもっている。大きく分けてふたつある。

ひとつは、現代的な諸課題の直接的な淵源である一八世紀以後、今日にいたるまでの近現代史を必修とし、これまでのように日本史と世界史とに分けず、日本を完全に含む世界史とすることである。

もうひとつは、知識つめこみ型の「覚える歴史」から思考力育成型の「考える歴史」への転換である。その方法として、史資料をもちいた問いかけと応答による対話のつみかさねのなかから、学習者自身が自ら問い、応答しうるような思考力・判断力・表現力を身につけていくようになることをめざしている点である。

前者については、昨今の動きのもとで多くの教員が取り上げている感染症や戦争の歴史をみても明らかなように、近代をあつかう「歴史総合」だけでは応答できない問いや課題も多い。そこで、人類発生以来の歴史をあつかう「探求」科目が日本史・世界史に分けてもうけられた。ここでは、「歴史総合」の問いかけをふまえて、世界史の中の「日本史探求」、日本史を含む「世界史探求」からの応答が必要である。

後者は、歴史研究者が、史資料を前にして机の上やフィールドでおこなっているような作業である。これにつうじる学習を高校の教室で展開するためにさまざまな努力がつみかさねられている。歴史学の方法を大学の中にとどめず、市民社会の共有物とするための、歴史研究者からの応答と協力が課題になるであろう。

「歴史総合」の提案に対し、新しい提言をふくむ解説書、実践事例、世界史シリーズなど、さまざまなかたちで「世界史」の刊行があいついでいる。「講座：わたしたちの歴史総合」のめざすところは、解説書や参考書の域にとどまらない。高校生や教師を含め、一般読者が現代的な諸課題を歴史的に考えるときの、教養としての世界史である。

わたしたちの講座は、新しい歴史科目に対応して、全六巻で編成する。「歴史総合」に応答するのは、一八世紀・一九世紀の近代を中心とする第三巻・第四巻、二〇世紀の世界を対象とする第五巻である。第一巻・第二巻は、「世界史探求」に対応して、有史以来、一七世紀にいたるまでの世界を対象とする。第六巻は、「日本史探求」に応答して、あえて日本通史を配することにした。

わたしたちの世界はどこにむかっているのだろうか。人類はどのような歴史的経験をへて、いまここにあるさまざまな課題に直面しているのだろうか。人類がたどってきた道筋の全体を考え、理解しうる教養がいまこそ必要ではないか。わたしたちの講座は、歴史教育からの問いかけによせて、それに応答しようとするひとつの試みである。

二〇二二年一二月二三日　歴史総合研究会

執筆者を代表して　渡辺 信一郎

井上 浩一
井野瀬 久美恵
久保 亨
小路田 泰直
桃木 至朗
（50音順）

〈目　次〉日本史の政治哲学――非西洋的民主主義の源流

まえがき

一、価値観が崩れ、未来を問い直す時代の歴史総合

第一次世界大戦は様々なものを生んだ。とりわけ民族自決権という考え方や、体制としての社会主義や、国家を超えた恒常的な国際機関国際連盟などは、その代表的なものであった。そしてそれらは第二次世界大戦後、さらなる進化・発展を遂げた。第一次大戦後は、ヨーロッパに適応されたにとどまっていた民族自決の原則が、アジア・アフリカの多くの国、地域に適応され、ソビエト連邦に限定されていた社会主義体制が東ヨーロッパやアジアに広がった。また国際連盟は、国際紛争の軍事的解決にまで踏み込む用意のある国際連合（連合国）へと発展した。

しかし今、その第一次大戦後生まれた、様々な考え方や制度が、相当に機能不全に陥り、かえって世界の不安定要因になり始めている。

社会主義体制は、計画経済などの不合理性があらわになり、一九八〇年代の末から一九九〇年代にかけて、少なくともヨーロッパにおいては急速に衰退し、消滅していった。しかしその一方で民族自決の原則は、ロシアの大ロシア主義や中国の中華民族主義を正当化する論理へと変貌を遂げ、世界にとっての新たな脅威となりつつある。むしろウクライナや台湾のような「小さな民族」の民族自決を妨げる論理へと変貌した。二〇二二年二月突然始まったウクライナ戦争は、その端的な現れであった。またロシアや中国やアメリカが安全保障理事会における拒否権を持つ国際連合は、国際紛争を解決する能力を失い、ウクライナ戦争に対し

ても、その無力をさらけ出した。

第一次大戦を機に現れた希望の世紀は、今や希望どころか、越えられなくてはならない世紀に変わりつつある。そしてこの百年間私たちを支えてきた、生き方や価値観が根底から揺らいでいる。

それに加え、人類の滅びが突如視界に入り始めた。人の活動にとって、地球という環境があまりに小さすぎることが、歴然とし始めたからだ。異常気象が常態化する中で、地球温暖化を疑う人は、もうほとんどいなくなった。まさに人の生存の一番の土台が失われ始めているのである。しかも国連がSDGs（持続可能な開発目標）を掲げ、その滅びに何とか立ち向かおうとしても、それを阻む人間社会の業が、次々と噴き出してきている。格差の広がりが生み出す社会的摩擦の急拡大や、国と国の対立を、最後は核戦争に訴えてまで解決しようとする、ナショナリズムのリバイアサン化がそれだ。

では私たちは何をしなくてはならないのか。過去の価値観が崩れ、生存の危機が迫り来る中、人は改めて過ぎ越し方を総括し、未来を見つめ直さなくてはならない。本シリーズは大きくいえば、そのために編まれる。具体的には、そうした時代にふさわしい高等学校段階の歴史教育の確立を目指して設けられる「歴史総合」という新しい科目を支える知の構築を目指して編まれる。私たちは長く歴史を日本史と世界史に分けて学ぶことに慣れてきたが、それでは本当に歴史を学んだことにはならないので、これからはそれらを合わせて学ばせるようにしようというのが、その設置の趣旨だ。さらには古代のロマンを学ぶよりも、最近の、私たち自身の生活に直結する時代の歴史こそ学ばせるべきだというのが、もう一つの趣旨だ。だから歴史総合は近現代史中心の科目になる。この科目を、どうすれば過去の価値観が崩壊し、生存の危機が迫り来る中、人が歴史を総括し、未来を見つめ直すための糧にすることができるか、それが私たちの課題となる。

ところで、この歴史総合という科目が話題になる遥か以前から私は、世界と無関係な日本も、日本を抜きにした世界も存在しない以上、歴史は世界史として学ぶのが当然だと考えてきた。そして共感を覚えてきたのは、二〇世紀を代表する経済人類学者カール・ポランニーの次の歴史認識であった。

あらゆる発展において、より小規模の事例がより大規模のものに必ず先行すると仮定することは、単なる偏見にすぎない。歴史におけるそのような連関を前提するのは、生物進化の法則を無批判的に拡張する以上の何ものでもない。最も遠距離の交易は一般により短距離のものに先行したのであって、それはちょうど最も遠方の植民地が通常は最初につくられたのと同じである。巨大な帝国はより小規模の王国よりも歴史的に早く出現した。（K・ポランニー一九八〇、二六頁）

「遠距離の交易」は「より短距離のもの」に先行し、「巨大な帝国」は「小規模の王国」よりも早く現れるという歴史認識であった。第一次大戦中、ポーランド人人類学者ブロニスワフ・マリノフスキーによってなされた、ニューギニア島東沖トロブリアンド諸島におけるクラ交易の発見などに刺激されて生まれた歴史認識である。近代ヨーロッパ人の目から見れば未開社会としかみえなかったトロブリアンド諸島に、広大な水域に浮かぶ島々の間の、周期的なクラと呼ばれる財貨の交換が存在したのである。交換を市場経済社会の発展の所産としか考えない近代人にとって、それは驚きの事実であった（B・マリノフスキー二〇一〇）。

しかもこの歴史認識は経験的事実とあう。ローマ帝国の成立は、ドイツやイタリアやフランスといったヨーロッパ諸国の成立に先行したし、秦・漢帝国の成立は、日本や百済や新羅の誕生に先行した。

あるいは現代人が手にすることができる最古の歴史書『聖書』の歴史認識ともあう。分業を発達させ文明を築くことに成功した人類は、やがて都市と天まで届く塔の建設を始めた。バベルの塔の物語である。神の領域に立ち入ろうとしたのである。さすがに神（ヤハウェ）はそれを恐れ、人々の言葉を乱し、人と人がコミュニケーションをとれないようにし、分業を破壊し、その目論見を打ち砕いた。以後人類は民族が違えば異なる言葉を話すようになり、協力して文明を築くことができなくなった。創世記に書かれた、世界の始まりの物語である。人が民族や国家に分かれて生きることになったのは、元は一つであった世界の分裂の結果だとの歴史認識が示されている。ポランニーの歴史認識と見事に通底している。

だから私も、早くからあらゆる歴史は世界史として考え、学ばなくてはならないと考えてきた。学生時代に読んだ上原専禄の『日本国民の世界史』（上原一九六〇）の影響が強かったのかもしれない。第二次大戦後、世界史という戦前にはなかった教科科目を新たにつくり上げようとしてきた人たちの情熱に感銘を受けたのだろう。

ただポランニー的、『聖書』的歴史観に立つとき、私たちはもう一つのことにも留意しなくてはならない。それは、人には、元は一つであった世界を、民族や国家に分割（ローカライズ）するだけでなく、その上でそれらの関係として世界を作り直す力も備わっているということである。だから今、世界史は、地域史と地域史の集まり、あるいは国際関係史としてその姿を表す。だとすれば、その分割された一つ一つ個性的な社会の――地域であり民族であり国家の――歴史を描くこともまた、世界史を描くことに通じるということになる。本書が、まずは日本史を通史的に捉えることに注力する所以である。

二、日本史を内なる連続性をもった歴史として描く試み

そして、そうしようとするのは、世界史と日本史がバラバラに学ばれることによって、最も大きな被害を受けたのは、実は日本史だったと思うからである。

長く世界史と日本史がバラバラに学ばれてきた結果、奇妙な思い込みが生まれてしまった。普遍的な歴史は世界史で学び、日本史で学ぶのは、その特殊日本的な現れだけだとする思い込みである。その思い込みの結果、日本の歴史が発展したり、変化したりするときの原因は、常に外からの刺激に求められ、内なる発展や変化の原因は考えなくても良いことになってしまう。古代国家は隋や唐の律令制国家の影響で生まれ、近代日本はペリー来航によってもたらされたと、当たり前のように思い込んでしまう。

しかしその思い込みは日本史という教科を不当に貶めるものとなってしまっている。もしその思い込みが正しければ、古代史の次に中世史を学び、中世史の次に近世史を学び、近世史の次に近代史を学ぶことの意味が、完全に失われてしまうからである。それぞれの時代は、外の古代や中世や近世や近代とつながっており、内側では連続していないことになってしまうからである。しかしそうなると、歴史に対する根本的な問いが、こと日本史に関する限り、発せられなくなる。この国が古代や近代を如何にして受け入れたかを考えることはできても、そもそも古代とは何か、近代とは何かといった問いを発する余地がなくなってしまう。それでは日本史を学ぶことによって、知識は増えても、賢くはならない。日本史が最大の被害者だといったのは、それ故である。

だからなのだろう。これまで多くの人が、歴史教育から日本史教育をできるだけ排除しようと努力してきた。かつて内藤湖南が、日本が中国文明をただ吸収するだけの時代であった応仁の乱以前の日本の歴史など、学ぶ必要なしといったのはその早い例であった。高等学校の歴史教育において、一九九四年以降——

一九八九年改訂の学習指導要領に基づき――世界史が必修化され、日本史が選択科目とされたのも、その意図の現れであった。今もまた心ある多くの人が、世界史未履修問題に端を発した日本史必修化の動きを阻止するために多大の努力を払っている。歴史総合が誕生したのもその努力の賜物だ。

しかし世界史と日本史の区別なく歴史総合として歴史を学ぶ時代に、その日本史に対する思い込みは不要である。ならば世界史と日本史がバラバラに学ばれてきたことの最大の弊害である、歴史が日本史の中では連続しない現状を克服しておくのも、歴史総合を支える知を創造していく上で、重要な試みとなる。

ただここで注意しなくてはならないのは、日本史を通史的に、内なる連続性をもった歴史として描くということと、日本史を外に向かって閉じた社会の歴史として描くこととは、全く違うということである。その意味では、従来の日本史学には、越えなくてはならない大きな学説上の壁がある。それは、今なおこの国の実証史学の草分けのように語り継がれている津田（左右吉）史学の壁だ。

津田は終生次のような考え方をもち続けた人であった。

ここに収めた二篇に共通な考は、日本の文化は、日本の民族生活の独自なる歴史的展開によつて、独自に形づくられたものであり、従つてシナの文明とは全くちがつたものである、といふこと、日本とシナとは、別々の歴史をもち別々の文化なり文明なりをもつてゐる、別々の世界であつて、この二つを含むものとしての、一つの東洋といふ世界は成りたつてゐず、一つの東洋文化東洋文明といふものは無い、といふこと、日本は、過去においては、文化財としてシナの文物を多くとり入れたけれども、決してシナの文明の世界につゝみこまれたのではない、といふこと、シナからとり入れた文物が日本の文化の発達に大なるはたらきをしたことは明かであるが、一面ではまた、それを妨げそれをゆがめる力ともなつた、といふこと、それにもかゝはらず、日本人は日本人としての独自の生活を発展させ、独自の文化を創造して来た、といふこと、日本の過去の知識人の知識としては、シナ思想が重んぜられたけれども、それは日本人の実生活とははるかにかけはなれたものであり、直接には実生活の上にはたらいてゐない、といふことである。（津田一九八八、一九五頁）

日本文化と中国文化との間には一切の関係がない。その意味で日本文化は純然たる固有文化だとの考え方である。

そしてそれを証明するために、次のような論法を用いたのである。

日本は絶海の孤島である。したがって孤立し、大陸の文明もなかなか伝わりにくかった。その結果、大陸では文明の時代が始まっていても長く未開に止まり、鎌倉時代ぐらいになってようやく文明化する有様であった。だから古代以来、時として大陸から文明・文物が伝わってきても、誰一人としてそれを理解できる者はいなかった。何せ全員が未開人なのだから。したがってあらゆる大陸文明の受容は模倣（猿真似）にとどまり、日本文化の血肉となることはなかった。日本の文明化は、大陸文明の影響など全く受けない、草深い地方（田舎）から、武士や農民を担い手として、鎌倉時代ぐらいになってようやくその兆しが見えるぐらいの長い時間をかけて、自生的に起きたのである。

ちなみにその猿真似的文化受容の典型が、歴史の受容であった。中国人が歴史を書くから自分たちも書かなくてはならないと思い、書いてはみたが、およそ歴史の何たるかを理解せずに書いたので、結局できあがった歴史書は、あまりに稚拙で、中国史書の模倣だらけの、およそ史書としての信用がおけない代物になってしまった。それが『古事記』『日本書紀』であった。故にそれは百パーセント信用すべきではない。かかる論法を、であった。

地政学的条件から日本の交通上の孤立を説き、その結果としての日本の未開性を語ることによって、大陸伝来のありとあらゆる文物（文明）の影響を限りなくゼロにまで押し下げることのできる論法であった。確かにかかる論法を用いれば、たとえ日本人が漢字を使っていても、日本文化と中国文化の間に縁なしということは可能であった。『文学に現はれたる我が国民思想の研究』における、江戸時代の俳人小林一茶が出現するまでは日本文化に見るべきものなしとの断言も、それなりに理にかなっていた。また地方において、自生的に、徐々に自らの未開性を克服し、文明の域に到達した武士や農民たちだけを歴史の主役に押し上げ、中央において大陸伝来の猿真似文化に打ち興じていた貴族層を、歴史の脇役に追いやることも可能であった。しかし津田史学が颯爽と登場してから百年以上がたった現在、はたしてこのような乱暴な論法を受け入れることができるだろうか。海が天然の交通路であり、日本列島が決して絶海の孤島などではなかったことなど、今や常識になっている。

しかし今なおこの津田の論法は、日本史学、とりわけ古代史学を強く縛っているのである。だから日本古代史の研究者は『古事記』『日本書紀』をまともな歴史書としては取り扱わない。まずはそれを疑うことから始め、そうすることが自らの実証性の証明だと思い込んでしまっている。

一日も早く、私たちはこの津田的論法から解き放たれなくてはならないのである。さもなくば日本史と世界史を共に学ぶなど、言ってもお題目に終わってしまうからである。

第一章

日本の構造

一、東と西のカップリング国家

三世紀の日本について書いた同時代史料に『魏志倭人伝』があるが、その『魏志倭人伝』には邪馬台国よりも「北」にある「その余の旁国（ぼうこく）」に関しては「遠絶にして得て詳（つまびら）かにすべからず」との記述がある。しかしその一方で「その余の旁国」の名を多数あげ、その国々のさらに向こう側に「女王の境界の尽くる所」（真の国境）（『魏志倭人伝』四二～四三頁）があることも示唆しているのである。

私は長年邪馬台国＝機内説に立ってきたので（小路田二〇一四）、邪馬台国の所在地は大和（纒向）、「北」は「東」と考えるが、これは大和より東のことはよくわからないと言いながら、それより東にまだ多くの国のあることを指摘し、さらにはその国々のさらに東に、真の国境のあることを示唆しているのである。

これは何を意味しているのであろうか。素直に読めば邪馬台国には二重の国境があったことを意味している。一つは邪馬台国（大和）のすぐ東の国境、もう一つはそれから相当東に離れた国境である。

ではそれは日本のことをあまり知らない魏の使いならではの誤解だったのだろうか。どうもそうでもなさそうなのである。

そこで思い当たるのは、近江国を囲むように並ぶ古代の三関（愛発関・不破関・鈴鹿関）の存在である。到底国境とは思えないところに、古代国家が最も重視した三関が並ぶ。しかも都の所在する大和盆地のすぐ東側にである。この三関のラインがもしかしたら『魏志倭人伝』のいう、邪馬台国のすぐ東にある、それより東は「遠絶にして得て詳かにすべから」ざる境界線だったのかもしれない（図1）。

確かに、三関の設置が確認されるのは七世紀末の天武朝以降のことである。しかし類似の施設が三世紀の頃からあったとしても、それはおかしくない。例えば、景行天皇の子の日本武尊（やまとたけるのみこと）は、東国遠征を終えて伊吹山に登ったとき、神の怒りに触れて病を得、その後能褒野（のぼの）の地までたどり着いてそこで死ぬが、伊吹山は不破関のあるところであり、能褒野は鈴鹿関のあるところである。想像するに、伊吹山での出来事は、東国遠征を終えて大和に帰還しようとした日本武尊の不破関通過が、その武威を恐れた父景行天皇によって阻止されたことを、能褒野での出来事は、そこで日本武尊が代わりに選んだのが鈴鹿関通過であったことを示唆していたのではないだろうか。だとすれば、不破関と鈴鹿関は日本武尊の時代にも機能していたことになる。

図 1-1　三関と古代の関所

　伊吹山に向かうにあたって日本武尊は、妻のもと（熱田神宮）に、草薙剣をおいて出かけている。東国で様々な神と戦ってきた彼が、伊吹山行きに際してだけ、そこに棲む神への警戒を怠ったのは不自然である。しかし警戒を怠ったのではなく、関の通過にあたって、父景行天皇の警戒するような叛意のないことを示すために、あえて武装を解いたと考えれば辻褄が合う。それも不破関の関としての機能を物語っていそうなのである。

　そして日本武尊や景行天皇の時代は、『古事記』『日本書紀』では崇神天皇の時代とされる卑弥呼の時代のすぐ後の時代である。『魏志倭人伝』の二重の境界認識に、さほど大きな誤りはないように思えるのである。

ではこの国が、大和のすぐ東の境界（愛発関・不破関・鈴鹿関ライン）と、ずっと東の境界の二重の境界によって仕切られていたとして、それはどういうことを意味したのだろうか。もしそれが事実ならば、日本という国家が、愛発関・不破関・鈴鹿関のラインでちょうど東国と西国の二つに分けられ、西国と東国の対立と妥協によって成り立つ東西カップリング国家であったことを意味していた。村々の対立を、より大きな国々の対立に回収し、それをまた東国と西国という二つの国家群の対立に回収することで成り立つタイプの国家である。

ではそれを証する事実は。一つは『日本書紀』に記された、東西分治体制の存在である。『日本書紀』によれば、崇神天皇は二人の息子豊城命（とよきのみこと）（兄）と活目尊（いくめのみこと）（弟）に、それぞれが見た夢を語らせ、ひたすら東の方に向かう夢を見た豊城命には東国の統治を、四方にまんべんなく臨む夢を見た活目尊には皇位（垂仁天皇）を委ねた。これは東西分治体制の存在を示しており、まさにこの国がかつて東国と西国のカップリングによって成り立つ国家であったことを示唆していた。しかも付け加えておくと、豊城命の子孫は、孫、ひ孫の代まで東国王を務めたとされている。東西分治体制が相当に安定した体制であったことを物語っている。

今一つは、古代における「都」――政治権力の中心のある場所――の位置と、その内部構造である。『日本書紀』に記された神武東征神話によれば、神武天皇は「都」を「六合の中心」に定めるべく、日向を発ち、大和を目指したとされる。これは、古代日本には「都」は「六合の中心」、即ち東西南北――現実的には東西――の中心に置かなくてはならないという思想があったことを示している。事実古代日本の「都」は「六合の中心」に置かれた。愛発関・不破関・鈴鹿関のラインを中心線とすれば、その少し西の大和盆地に置かれたのである。

そして「都」の中をみてみると、今度は全てが東優位に配されていた。大王墓（天皇陵）は大和盆地の東山麓にある大和・柳本古墳群に集中し、西山麓の馬見古墳群には一基もつくられなかった。歴代天皇の宮の置かれた場所も、例えば飛鳥の場所をみればわかるように、基本的に盆地の東に置かれた。

「都」が「宮」から「宮都」（即ち都市）となり、大和盆地の北端平城に移っても同じであった。周知のように平城には「京」「宮」ともに、東の張り出し部が設けられたが、その張り出し部には藤原氏ゆかりの施設（藤原不比等邸〈法華寺〉・興福寺）が集中し、さらにその外側の神山春日山には、天孫降臨と関係の深い神々（天児屋神（あめのこやねのかみ）・武甕槌神（たけみかづちのかみ）・経津主神（ふつぬしのかみ）・比売神（ひめかみ））を祀る春日大社が配された。平城には中国渡りの天子南面思想に基づく南北の軸線（朱雀大路）とともに、東西の軸線（二条大路）が設けられ、それが「京」「宮」共に東張り出し部を生む結果となっていた。当然その東西の軸線は東の方向春日山を向いていた。ちなみに春日大社に祀られた神々の内、武甕槌神は鹿島神宮（常陸国）の神であり、経津主神は香取神宮（下総国）の神であり、いずれも東を象徴する神であった。また『大鏡』によれば、一説ではあるが、藤原氏の始祖鎌足も、鹿島神宮付近の出身であった。平城もまた東優位の空間配置を持っていたのである。

「都」は、国土全体からみれば西の東端に位置し、その内部は東優位の構造をもつ。まさにそれは、東国と西国のバランスの上に成り立つ、東西カップリング国家の中心ならではの位置と構造だったのである。

さらにいえば、常陸国東方上空の高天原を出発点に、伊勢上空——案内役の猿田彦が途中で瓊瓊杵尊（ににぎのみこと）と別れたところ——を経由して日向に降臨した瓊瓊杵尊の子孫（神武天皇）が、今度は東征し大和に入るという建国神話もまた、東西カップリング国家らしい建国神話になっていた。

邪馬台国論争

日本史の世界において最も有名な論争といえば、いまだに邪馬台国論争があがる。『魏志倭人伝』冒頭の、魏の帯方郡から邪馬台国にいたる行路記事をどう読むかをめぐる論争だ。その行路記事には、九州北部の不弥(ふみ)国から南に水行二〇日行ったところに投馬国があり、その投馬国からさらに水行一〇日、陸行一月行ったところに邪馬台国があると書いてある。しかし素直にその通り行くと何処にも行かない。南に水行三〇日も行けば九州を飛び出してしまうし、さらに陸行一月行こうとしても、そんな場所は何処にもない。

ならば南を東と読み替えてみたらどうか。水行三〇日で大阪湾の何所かに到着するとして、そこから大和まで、陸行一月は長すぎる。東京ぐらいまでいってしまうのであれば別だが、普通それはあり得ないと考えるから、この場合も何処にも行かない。ではその行路記事はどう読めばいいのか、それが論争の始まりであった。東京帝国大学の白鳥庫吉は九州説を唱え、京都帝国大学の内藤湖南は畿内説を唱えた。

ただ容易には決着がつかなかったので、最近では永遠の謎ということになってしまい、その決着は、古代史家たちの手を離れ、考古学者たちの手に委ねられている。佐賀県にある吉野ヶ里遺跡と、奈良県桜井市にある纏向遺跡が最有力候補だ。

ただ私には、この行路記事が、なぜそれほどの謎になるのかがわからない。確かに南は東に読み替えるしかない。しかしそれ以外は一切読み替えをしなくても、素直に読めば邪馬台国は大和国ということになるからである。

多くの人が誤解しているのは、不弥国から東に(南の東への読み替えを前提に）水行二〇日というのを、瀬戸内海を行ったと思い込んでしまっていることである。北九州から東に行くのには日本海側を行くという方法もあることを、忘れてしまっている。日本海側を行ったのであれば、水行二〇日で到着した投馬国は出雲国、それから一〇日行って上陸するところは丹後半島付近（多分天橋立付近）ということになる。そこから大和まで陸行一月かかっても、何もおかしくない。

しかも丹後半島から大和までは、極めて平坦な道を行くことができる。丹後由良で海に流れ込む由良川の上流と、瀬戸内海に流れ込む加古川の上流を分かつ分水嶺は、わずか海抜九五メートルしかないからである。ならば南を東に読み替えるだけで、行路記事通り行けば大和に至るルートが一つあることになる。少なくとも謎は永遠の謎というほどの謎でなくなるのである。

ではなぜ、大した謎でもないことを永遠の謎にしてしまう誤解が生じたのだろうか。原因は二つあった。

一つは現代日本人の性で、太平洋側を表日本ととらえ、日本海側を裏日本ととらえる感性が、知らず知らずのうちに働いてしまうことであった。それが我々の視野を狭くする。そしてもう一つは、どうしても邪馬台国を九州にもっていきたかった白鳥庫吉の思いに、今なお多くの日本人が共感を覚えていることであった。ではその思いとは、邪馬台国が九州であれば、三世紀の段階で中国の影響は九州にしか及んでいなかったことになる。『魏志倭人伝』に、邪馬台国より先（東）のことは遠過ぎてよくわからないと書かれているのを、逆読みするとそうなる。三世紀の段階においてなお日本の大部分の地は、中国文化の影響を受けることなく固有の文化を育んでいたことになる。日本文化の固有性を語るために白鳥は、邪馬台国九州説を唱えたのである。

その白鳥の思いへの共感が今なお強い。我々は中国人と同じアジアの一員だと考える人よりも、我々は同じアジア人であっても、中国人とは文化的に異なると考える人の方が多いということである。

だから九州説は滅びない。ならば、たとえ客観的には畿内説の優位は揺るがないにしても、邪馬台国論争は続けなくてはならない。だとすれば、私が先に述べたような、身も蓋もない議論（日本海経由説）は忘れなくてはならない。だから私が述べたような説は、実は大正時代から存在する。笠井新也という方の説である。しかしそれは、見事に無視され続けてきたのである。学問は政治に従属するといったところか。

では、内藤湖南はどうだったのか。彼は、日本文化などは、所詮は中国文化圏の辺境に生まれた、田舎文化に過ぎないと考えていた。だから特段それを持ち上げようともしなかった。彼が、ようやく日本文化が独自の発展を見せ始めるのは東山文化以降であり、故に応仁の乱以前の日本の歴史など学ぶ必要なしといったことはよく知られているが、それは、その日本文化を中国文化圏の中の辺境文化といって切り捨てる感覚と結びついていた。湖南の畿内説の裏には、この日本文化に対する冷めた見方があった。畿内説が九州説に比べて人気の出ない理由である。

【参考文献】

・小路田泰直『「邪馬台国」と日本人』（平凡社新書、二〇〇一年）。
・小路田泰直『邪馬台国と「鉄の道」』（洋泉社歴史新書、二〇一一年）。
・小路田泰直『卑弥呼と天皇制』（洋泉社歴史新書、二〇一四年）。

二、国の集まりとしての国家

ではこの国が古代において、東西カップリング国家の様相を呈したのは何故だったのだろうか。そこで注目すべきは、この国において国という概念が、国家だけを指す概念ではなかったということである。国家も国であったが、もう一回り小さな、現在であれば都道府県に相当する政治単位――とりあえず「小国」と呼んでおこう――も国であった。『漢書』が倭という国は一〇〇余の国に別れていたと書き、漢の皇帝から奴国（博多湾周辺の国）のリーダーに与えられた金印に「漢倭奴国王」と書かれていたことなども、そのことを示していた。「倭」も「奴」も国だったのである。『魏志倭人伝』に記された邪馬台国も三〇余国の集まりであった。

だから国家にあったものは、一〇〇余の小国にもあった。亡き王の権威の象徴としてつくられた前方後円墳は、国家のリーダーたちのためにもつくられたが、小国のリーダーたちのためにもつくられた。五〇〇〇基を超える前方後円墳の膨大すぎる数は、そうとでも考えなければ説明がつかない。国家のリーダーと、小国のリーダーを分かつものは、その死に際して前方後円墳がつくられる者と、つくられない者の差ではなかった。つくられる前方後円墳の大きさの違いに過ぎなかった。質において両者を分かつものは何もなかったのである（広瀬二〇一九）。

そしてその国家も国、小国も国として認識する観念が、八世紀に完成する律令国家の国制にも受け継がれ、明治維新後、藩が廃止され、府県が設置されるまで続いたのである。日本人が初めてつくった日本地図は行

図 1-2　行基図（鎌倉末から南北朝期にかけて成立した『捨芥抄』所収）

基図とよばれ、俵状（卵状）の国をただ寄せ集めたような描かれ方をしていたが、それもその認識の現れだった。国が国の集まりとして認識される国、それが古代の日本であった。とはいえその日本も国家である以上、そこには中心があり、一定の政治的まとまりがなくてはならない。だから行基図にも、国の中心としての平安京と、平安京から五畿七道に向けて伸びる主要な街道が描かれていたのである（図2）。

では国の集まりと認識される国を、一応単一の国家としてまとめあげていくのにはどうしたらよかったのか。神武東征神話において、神武天皇が東征を決意した動機が、それぞれ首長を立てて相争う「村」や「邑」の対立の克服にあったことなどを考えると、先にも述べたように、村々の対立を、より大きな国々の対立に回収し、それをまた東国と西国という二つの大きな国家群の対立に回収するという方法が、最も取り易い方法だったのである。故に国の集まりとして成り立つ国家の統合は、東西カップリング国家の形成に帰結したのである。全国津々浦々で繰り広げられた在地領主間の激しい争いが、気がついてみると中央における南朝と北朝の対立に帰結していた、一四世紀日本の有様（南北朝内乱）が、この場合ヒントになる。

　ということは逆に、この国が東西カップリング国家の様相を呈したということは、そもそもこの国が国の集まりとして観念されていたことに由来していたのである。中国も元をただせば国々の集まりであった。しかし秦始皇帝による統一以降、その状態は解消した。地方の政治単位は国ではなく、国家の一部を表す郡や県や省といった名で呼ばれるようになった。それとの対比でいえば、日本という国家は極めて特異な国家として誕生したことになる。というよりも国家としては極めて不完全な、未完の国家として誕生したのである。そしてそれはそもそも国家とは何かということに関わるが、マックス・ヴェーバーなどに従えば、正当的暴力を独占する団体、言い換えれば、人を罰するのであれ、戦争を行うのであれ、唯一、人を殺すことを殺人とは見做されない団体、それが国家である（マックス・ヴェーバー一九七〇年）。だから国家は絶対的な善でなくてはならないし、それを保証するイデオロギーによって支えられなくてはならなかった。「政権」のあるところ必ず「教権」があり、「諸子百家」（哲学者や神学者たち）による「百家争鳴」（論争）のないところに国家が生まれなかった理由である。また国家は、その支配下にある、必ずしも善ならざる全ての人や団体と、自らを峻別しなくてはならなかったのである。だから国家の支配下にある団体もまた国家（小国）であるなどといったことは、本来の国家では考えられないことだったのである。その本来の国家では考えられない国家として、この国は誕生したのである。

　ただ日本のような国が他になかったわけでない。むしろ本来の国家の方が珍しかったといってよい。だから不完全な国家は本来の国家に隷属することによって、自らに欠けたる部分を補おうとしたし、反対に本来の国家はしばしば帝国化したのである。自分と自分の祖先が、東に遠征して五五国を従え、西に遠征して六六国を従え、北に海を渡って九五国を従えたと豪語した倭王武（雄略天皇）が、中国南朝の宋に上表文を送り「使持節・都督・倭・新羅・任那・加羅・秦韓・慕韓六国諸軍事・安東大将軍・倭王」に任ぜられることを求めた所以であった。

ではこの国が、ただ小さいだけで国家と等質な国（小国）の集まりであるかのように観念されたとすれば、そうなった理由は何だったのだろうか。他にも理由はあるだろうが、一つの理由は、「倭」という国に属する「奴」の国の王が直接中国王朝に朝貢し「漢倭奴国王」の称号を得ているように、小国ではあっても中国王朝に朝貢するチャンスが、列島上の国々には十分に保証されていたからであった。『漢書』地理誌にのっている百余の国は、それぞれに漢の出先機関楽浪郡に使いを送っている。そして先に述べたように、不完全な国家しかつくれない社会が、国家をつくる最善の方法は、完全な国家から国家としての承認をえることであった。だとすれば中国王朝に朝貢することを通じて、列島上の小国は相当に高い自律性を保持し得ていたはずである。そこに国家が国々の集合体として観念される一つの条件があったのではないだろうか。

ではなぜ列島上の小国には中国王朝に直接朝貢するチャンスが保証されていたのだろうか。理由は至って簡単である。列島中、海に臨んでさえいれば全ての場所が、黒潮をつたって世界とつながっていたからであった。

そこで解いておきたいのは多くの人の誤解である。列島社会と世界の接点は、朝鮮半島と北九州の間にだけあったのではない。日本列島全体にその接点はあった。日本列島は黒潮の流れ（黒潮・対馬海流）の中に、中の島のように浮かぶ島国であり、黒潮こそがこの列島に、世界から人・物・情報をもたらす大動脈であっ

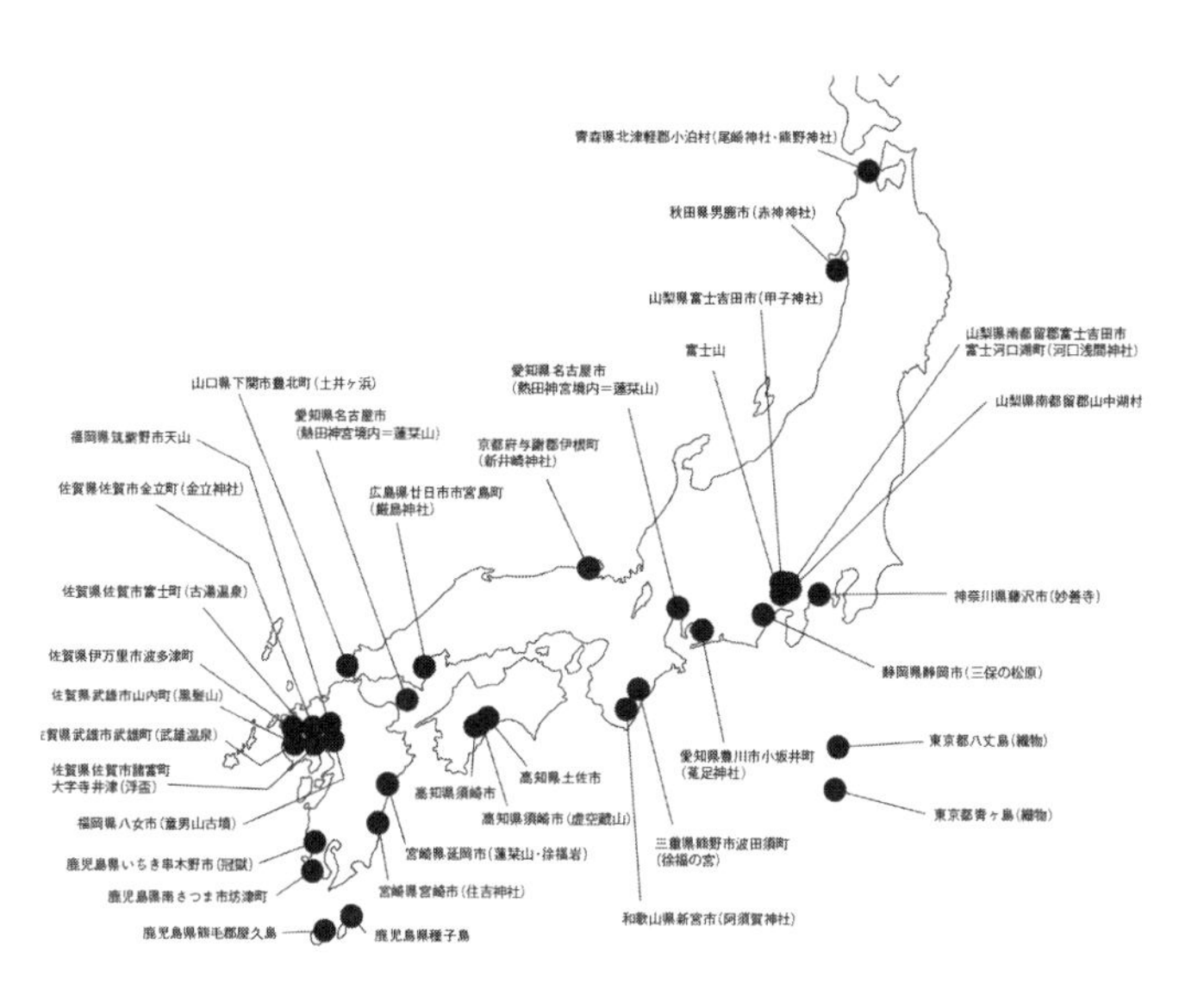

図 1-3　徐福上陸伝承地点図

たからだ。だから『古事記』はこの国を「葦原中国」と呼んだのである。列島社会と世界の接点はどこにでも生まれえた。朝鮮半島と北九州の間の接点は、極めて重要な接点ではあったが、その一つに過ぎなかったのである（小路田二〇一七）。

　そして多くの事実がそのことを裏付けている。例えば徐福伝説の分布である。秦始皇帝に不老不死の薬の調達を命じられて日本列島にやってきた徐福の上陸地点とされる地は、北は青森県から南は鹿児島県まで全国に分布している。とりわけ有名なのは和歌山県新宮市だが、そこはまさに目前を黒潮本流が流れる地であった。そして熊野信仰の一大拠点、速玉大社の鎮座する地でもあった（図3）。

　ちなみに熊野信仰といえば、つい山岳修験の代名詞のように思われがちだが、元を正せば、沖縄のニライカナイ信仰同様と、あらゆる富と生命の源を海の彼方に求める、海上他界信仰であった。だから中世までは、熊野三山の最上位には山間部にある本宮大社ではなく、太平洋に面した那智大社がおかれていたのである（斉藤二〇一七年）。また仏教と習合するときも、海上彼方の補陀落浄土の支配者である観世音菩薩に対する信仰と習合したのである。那智大社に隣接して、西国三三箇所観音霊場巡りの第一番札所青岸渡寺が建っている有様はそのことを象徴している。

また弥生時代を代表する装飾品貝輪なども、原材料は沖縄産のゴホウラ貝であり、黒潮に沿った交易がなければ、日本社会にもたらされなかったものであった。

列島社会は黒潮の流れを通じて世界とつながっていた。そして黒潮は、太平洋側であれ、日本海側であれ、列島中の海岸線を洗っていた。この国においては数多の小国が、国家を越えて中国王朝に朝貢することが比較的容易な理由であった。

だから逆に邪馬台国が三〇余国を統一しようとしたとき、まずは伊都国に「一大卒」をおき、帯方郡との交渉をはじめ、外交を一手に掌握することが大事だったのである。

三、日本的統治思想としての一七条憲法

隣国中国が、国家が単一の王権によって画一的に支配される国であったとすれば、日本は国々の集まりとして観念される国であった。だとすれば、国家を統治する思想も中国と日本とでは自ずから異なるはずであった。

確かに古来日本の統治者たちは、隣国中国から最新の統治思想を学ぼうとして必死の努力を重ねてきた。応神天皇の時代に、王仁という渡来人が百済からやってきて千字文と論語を伝えたということが、『古事記』

や『日本書紀』に特筆すべき出来事として記録されているのもそのためであった。遣隋使や遣唐使の派遣が始まると、それには必ず多くの留学生や留学僧が随行した。大化改新の立役者中大兄皇子や中臣鎌足に多大の影響を与えた南淵請安や、奈良時代政治史に大きな足跡を残した吉備真備や玄昉、平安時代の初め日本仏教に一大革新をもたらした最澄や空海などは、全て留学生・留学僧であった。中には唐の朝廷に仕え、重きをなした阿倍仲麻呂のような人もいた。当時の留学生・留学僧のレベルの高さがうかがえる。古代日本の建設において、大陸伝来の統治思想・統治技術の果たした役割は大きかった。

しかし、国の形が違う以上、統治思想や統治技術の受容にあたって、取捨選択がなされたこともまた事実であった。一番わかり易い例は、律令制国家が採用した統治機構の特異性であった。隋や唐の統治機構には、皇帝の絶対性を前提にするが故に、皇帝に匹敵する大きな権限を持つ機関は何一つ設けられなかった。皇帝を補佐する機関も三省に分かれ、その下に六つの専門に分かれた執行機関が置かれた（三省六部）。しかし日本の統治機構おいては、天皇とほぼ同等の権限を有する太政官という合議制の機関が、天皇と執行機関（八省）の間に挟まる形で置かれた（二官八省）。政治が貴族（豪族）たちの合議によって運営され、天皇の統治が形骸化しやすい統治構造をとった（早川一九八六）。そこに取捨選択が働いたのは明らかであった。

ならば当然統治思想も中国思想をただ輸入し直訳すれば事足りるというわけにはいかなかった。それをつくるにも、取捨選択と内省の積み重ねが求められた。そして独自の統治思想が形成された。聖徳太子（厩戸皇子）によって制定された憲法一七条（『日本書紀』推古一二年四月戊辰条）がそれであった。それは、次の第一五条において語られた考え方に基づいて「以和為貴」ことをモットーとする統治思想であった。

十五に曰はく、私を背きて公に向くは、是臣が道なり。凡て人私有るときは、必ず恨み有り。憾(うら)み有るときは必ず同らず。同らざるときは私を以て公を妨ぐ。憾起るときは制に違ひ法を害る。故、初の章に云へらく、上下和ひ諧れ、といへるは、其れ亦この情か。

人には私があり、それが高じると恨みになる。そして恨みになると必ず争いが起こり、法や制度や社会の秩序が破壊される。といって人に私を持つなといってもそれは不可能である。なぜならば人は全て「凡夫」であり、ある人が是とすることは、必ず他の人が非とすることだからである。ならば人に私を持つなというのではなく、その私を恨みにまで転化させるなというべきである。だから「以和為貴」なのである。ちなみに「以和為貴」とは、次の「初の章」にあるように、如何なる争いも、言論の争いの範囲内に止めよとのいいであった。

一に曰はく、和ぐを以て貴しとし、忤ふること無きを宗とせよ。人皆党有り。亦達る者少し。是を以て、或いは君父に順はず。乍隣里に違ふ。然れども、上和ぎ下睦びて、事を論ふに諧ふときは、事理自ずからに通ふ。何事か成らざらむ。

人には私があり、ともすれば人と争う存在であることを認めた上で、その私が恨みに転化することを防ぐために、ことの善悪、理非曲直を正すことよりも、兎にも角にも争いを言論の範囲内に止めることを優先させようとする思想、それが一七条憲法の思想であった。確かに公と私を完全な対立概念と捉える法家思想のような思想を生んだ中国などでは育たない統治思想であった。日本独自の統治思想といってよかった。

国家が一つの王権によって画一的に支配される社会ではなく、国々の集まりとして観念され、絶対的存在が育たない社会に相応しい統治思想であった。

四、聖を求めて

ただ「以和為貴」というのは簡単だが、それを人々に納得させ、私が恨みに転化することを未然に防いでいくのは至難の技であった。その精神を体現し、蘇我入鹿に攻められたとき（六四三年）、東国に下り再起を期すようすすめる従者（三輪文屋）の必死の説得をも振り切り、そんなことをすれば戦には勝つかもしれないが、万民を戦に巻き込み、彼らに塗炭の苦しみを与えることになる、そうした争いを避け国の基礎をより強固なものにするのもまた「丈夫」のすべきことではないかといって、聖徳太子の子、山背大兄王が一族もろとも悄然と自死を選んだことなどは、その困難を物語っていた。「以和為貴」のも命懸けであった（『日本書紀』皇極二年一一月丙子朔条）。

だから「以和為貴」と言い続けるだけでなく、一七条憲法のような法を制定し、そのこと自体を人々に強制する必要があった。しかし問題は、では誰がその法を制定するかであった。全ての人が私に支配される「凡夫」である社会において、その立法の任に耐えうる人物を探し当てることは、これまた至難の業であった。聖徳太子が憲法第一四条において次のように述べ、国を治めるのには聖が必要だが、聖など千年に一人現れたら良い方であると嘆いてみせたのは、その現れであった。

千載（ちとせ）にして一（ひとり）の聖を待つこと難し。其れ賢聖（さかしきひとひじり）を得ずは、何を以てか国を治めむ。

しかし法を制定する以上、聖は必要であった。たとえ聖徳太子であれ「凡夫」に法の制定はできなかった。では、如何にすればその聖を得ることができるのか。その方法を探し当てることが、実は一七条憲法を制定して以降の、聖徳太子の課題となった。一七条憲法をその聖の名において制定し直さなくてはならなかった。聖徳太子が深く仏教に帰依し、憲法第二条において次のように述べたのも、そのためであった。

二に曰はく、篤く三宝を敬へ。三宝とは仏・法・僧なり。即ち四生の終帰(をはりのよりどころ)、万の国の極宗なり。何の世、何の人か、是の法を貴びずあらむ。

ただ、死して既に千年の歳月のたった釈迦(仏)を聖とみなすことはできても、その釈迦の教えである法を現世において説く僧まで聖とみなすことはできなかった。推古朝において既に僧の腐敗は、目に余るものがあった。やがて僧は、法を解釈し国家を導く存在から、国家によって、具体的にいえば僧尼令や僧綱と呼ばれる役所によって、管理され統制される存在に変わっていくが、その端緒はすでに推古朝に開かれていた。八世紀、日本仏教に戒律をもたらすために、多大の犠牲をはらって鑑真招聘が敢行されたのも、そうした現状を打破するためであった。「篤く三宝を敬へ」というだけで聖が得られる時代は、聖徳太子の時代、早くも去っていたのである。六〇六年、推古天皇の前で勝鬘経と法華経の講義をして絶賛を浴びた聖徳太子が、その翌年、あえて「神祇を拝るべし」(『日本書紀』推古一五年二月戊子条)と述べているのをみても、それはわかる。かつて崇仏・廃仏をめぐって物部守屋と激しく争い、守屋を死にいたらしめた彼がそういうのであるから、ことは深刻であった。

では、ひたすら仏教に帰依するだけでは得られない聖を得ようとすれば、どうしたらいいのか。彼は偶然その方法を発見した。

六一三年冬、彼は斑鳩宮と目と鼻の先の片岡(王寺町)というところを訪れ、そこで一人の飢人に出会った。「飲食」と「衣裳」を与えるも、間に合わず死んでしまったので、気の毒に思い、その飢人のために墓をつくってやった。

しかし数日後、その飢人が、もしや「凡夫」ではなく「真人」即ち聖ではなかったのかと思い立ち、使者を送り確かめにやらせた。すると使者は、「屍骨」は既になく、「衣服」のみがきちんとたたんで残してあったと復命した。そこで彼は、やはりその飢人は聖であったと確信し、再び使者を送りその「衣」を取りに行かせ、「常の如く」それを着た。するとどうだろう、人々は「聖の聖を知ること、其れ実なるかな」といい、飢人の中に聖を見出した聖徳太子自身のことを聖と称えるようになった（『日本書紀』推古二一年一二月庚午朔条、辛未条）。

有名な片岡飢人譚であるが、ここで重要なことは、死して蘇る存在をもって聖徳太子が聖と見做している点である。いくら奇跡を起こしても自らがキリスト（救世主）であることを信じてもらえなかったイエス・キリストが、死なないでくれと懇願する弟子たちを振り切って「〈人の子〉は、多くの苦しみを受け、長老たちや祭司長たちや律法学者たちによって棄てられ、かつ殺され、そして三日後に起き上がらなければならない」（『新約聖書』三四〜三五頁）と述べ、あえて十字架にのぼり、処刑され、三日後に蘇る（復活）ことによって自らがキリストであることを証明してみせたことはよく知られているが、聖徳太子はそのキリスト的存在に聖を見出したのである。

聖を得る方法は、死して蘇る存在を発見することであった。

ではそのような存在はどこにいるのか。結局、片岡の飢人を聖と見抜き、そのことによって人々から聖と見做されるようになった彼自身が、そのような存在になるしかなかった。そこで聖徳太子は晩年、一路そのキリストへの道を歩んだのである。一身を犠牲にして、自らが聖になろうとしたのである。

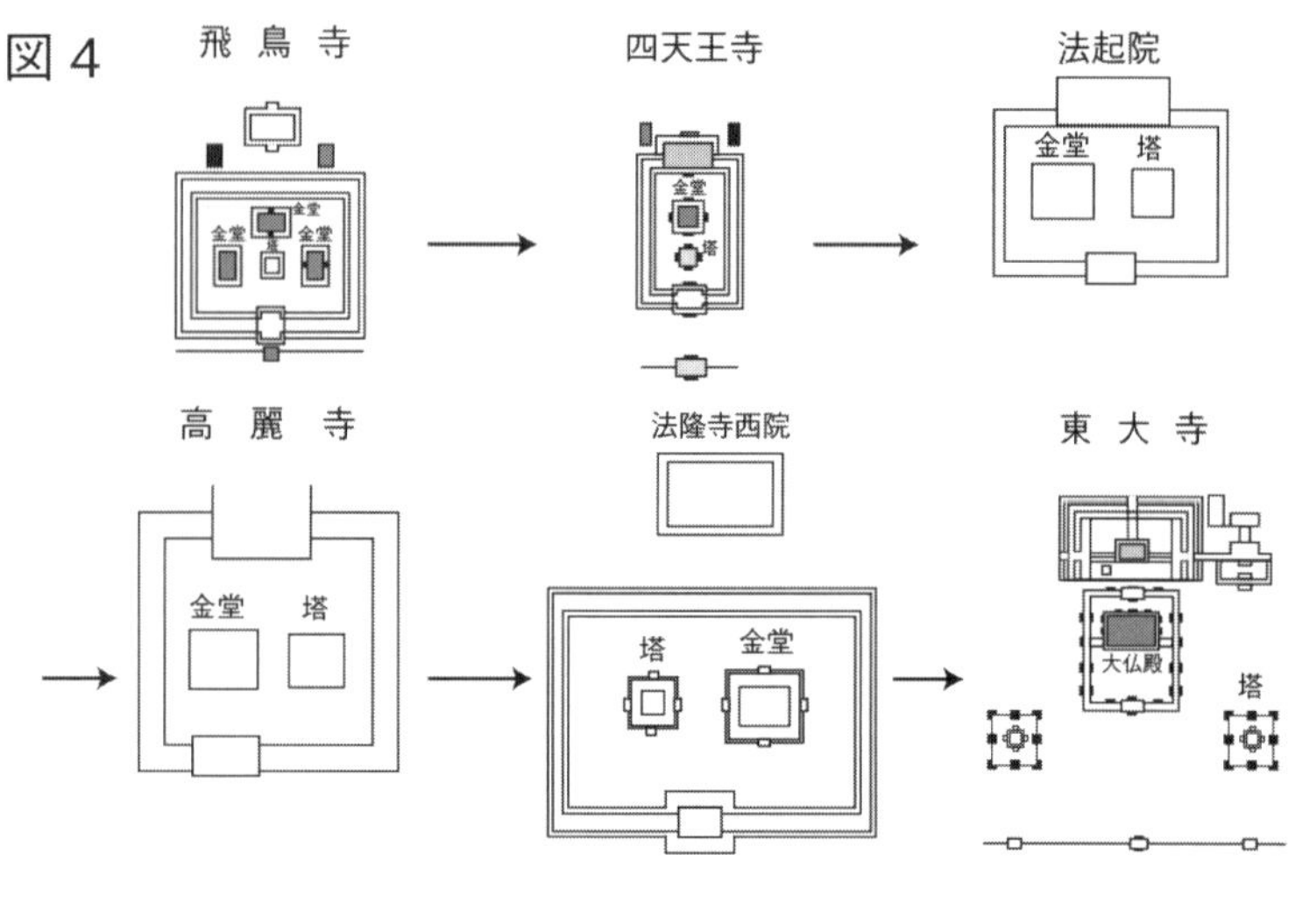

図1-4　伽藍配置の変遷

六二二年、苦楽を共にしてきた推古天皇や蘇我馬子よりも早く、四九歳の若さで彼は死ぬが、母間人(はしひと)皇后のあとを追い、最愛の妻 膳妃(かしわでのきさき)を道連れにしたその死には、自死の香りが漂う。そして死後、その死を「月日輝を失ひて、天地既に崩れぬ。今より以後、誰をか恃まむ」(『日本書紀』推古二九年二月癸巳条)と嘆き悲しむ人々に、二つのことをさせての死であった。それをみると、自死であったかどうかは別として、彼の死が死後の蘇りを想定した死であったことが推量されるのである。

一つは、自らに似せて釈迦如来像一体をつくらせた。法隆寺金堂に今も残る釈迦如来像である。それは蘇ったときの自らの肉体(偶像)を用意させたものと解釈できる。ちなみに、偶像とは、亡き偉人を偲ぶためにつくるものではない。キリストのように死後復活を遂げるか、釈迦のように悟りを開いた後「無量寿」を得てこの世に留まるかした、目には見えないがこの世に実在し、君臨する聖に肉体を与え、可視化するためにつくられるものである。だからそれをつくるということ自体が、聖の蘇り、もしくは不死を想定したことなのである。だから、聖の介在を必要としない、直接神を拝むタイプの信仰においては、偶像は用いられない。むしろ排斥される。

そして今一つは、息子山背大兄王に命じて、彼が推古天皇の前で法華経を講じたゆかりの岡本宮を、寺に改装させた。法起寺である。こちらは蘇った後の住処の調達と解釈できる。

ちなみに法起寺は、塔と金堂が横に並ぶ、法隆寺西院の原型となる伽藍配置をもつ寺としてつくられるが、法隆寺西院同様、金堂が釈迦と共に聖徳太子の偶像でもある釈迦如来像を安置するための施設として建てられたとすると、それは同寺が、飛鳥寺や四天王寺や焼失前の法隆寺（斑鳩寺）とは異なり、ひたすら釈迦を祀る寺ではなく、釈迦と共に、聖徳太子をも祀る寺として建てられたことになる。飛鳥寺や四天王寺の中心施設は、あくまでも釈迦の骨（仏舎利）を安置する塔であったが、法起寺の中心施設は金堂であった。そしてそれは同じ法起寺様式の伽藍配置をもつ、しかも法起寺とほぼ同時期に建てられた、山城国相楽郡上狛に建つ高麗寺（廃寺）の伽藍配置をみるときより鮮明になる。南門と中門が伽藍の中心線上になく、金堂の正面に設けられているのである。金堂の主が、釈迦の偶像であり、同時に聖徳太子の偶像でもある釈迦如来像であったとすれば、法起寺は確かに蘇った後の太子の棲家として建てられたことになる（図４）。

願わくば、高麗寺の少し北側にある蟹満寺の釈迦如来像が、高麗寺由来の釈迦如来像であってほしいのだが、それは私の願望である。

五、大化改新

では聖徳太子は本当に蘇ったのだろうか。蘇った。『日本書紀』はそれを示唆している。山背大兄王が蘇我入鹿に攻め滅ぼされて非業の死を遂げたとき、突然空が照り輝き、その空に音楽が満ち、天から「五つの色の幡蓋（はたきぬがさ）」が「寺」に向かって垂れてきた（『日本書紀』皇極二年一一月丙子朔条）。「幡蓋」というのは貴人にさしかけられる長柄の傘のことである。山背大兄王の死の瞬間に、それをさしかけられて誰かが天から降りてきたのである。もし昇っていったのであれば、それは間違いなく山背大兄王の霊であった。しかし降りてきたのである。しかも聖徳太子の子が、父の「以和為貴」との教えを守って、攻められても争わず自死を選んだときに降りてきたのである。それは間違いなく聖徳太子であった。この出来事こそ、聖徳太子の蘇りを示す出来事であった。

ただ蘇りには目撃者が必要だった。キリストの復活にパウロという目撃者が必要だったように、である。それがなければ蘇りは証明されないからである。では聖徳太子の蘇りの目撃者は誰だったのか。「五つの色の幡蓋」が「寺」に向かって垂れてきたとき、その場に居合わせたのは蘇我入鹿であった。入鹿がその垂れてくる幡蓋を見た瞬間、「五つの色の幡蓋」は「黒雲」に変わり、入鹿はそれをみることができなかったと『日本書紀』は書いているが、実はその黒雲の中で聖徳太子と入鹿の邂逅は行われたものと考えられる。キリストが、弟子たち（ペトロ・ヤコブ・ヨハネ）を「高い山」に連れ出し、モーゼらと会わせ、自らがキリストであることの確信を彼らに植え付けた場所も黒雲の中であった（『新約聖書』三六頁）。その場に居合わせたのは入鹿のみであり、入鹿以外は考えられないから、入鹿が聖徳太子蘇りの目撃者となったのである。

確かにそれは、入鹿が山背大兄王を死に追いやった張本人だということを考えると、一見あり得ないことのようにみえる。しかしキリスト復活の目撃者となったパウロも、元をただせばキリスト教団弾圧の急先鋒であった。それを考えると十分にあり得ることである。敵対者の証言に勝る証言はないからである。

そして、最愛の息子山背大兄王の死をきっかけに聖徳太子が蘇り、それを蘇我入鹿が目撃したとすれば、七世紀半ばの大事件、大化の改新——乙巳の変に始まる政治改革——の解釈が変わる。

そこで見ておきたいのは、『日本書紀』に記された、蘇我入鹿が中大兄皇子や中臣鎌足に殺害される乙巳の変（六四五年六月一二日）の顛末である。飛鳥板蓋宮で行われた「三韓朝貢」の儀式の最中に、突如中大兄皇子が蘇我入鹿に切りかかる。驚いた入鹿は「当に嗣位(ひつぎのくらゐ)に居(ましま)すべきは、天子(あめのみこ)なり。臣(やつこ)罪を知らず。乞ふ、垂審察(あきらめたま)へ」と自らが皇位につくことの正当性を語り、中大兄らを静止しようとするが、中大兄は「鞍作、天宗(きみたち)を尽(つく)し滅(ほろぼ)して、日位(ひつぎのくらゐ)を傾けむとす。豈天孫(あめみま)を以て鞍作に代へむや」とそれに反論し、入鹿殺戮に及ぶ（『日本書紀』皇極四年六月戊申条）。これがその顛末であった。

ながく、変自体は、蘇我蝦夷・入鹿父子の、甘樫丘に作った自らの邸宅を「宮門(みかど)」と呼ばせ、自らの子を「王子(みこ)」と呼ばせた、あたかも皇位についたかのごとき振る舞いに対して、さすがにたまりかねた中大兄皇子らが入鹿誅伐に及んだ事件と解釈されてきたが、山背大兄の死をきっかけに聖徳太子が蘇り、それを目撃したのが入鹿その人であったとすれば、その解釈が変わる。

そこで少し言葉の定義をしておかなくてはならないが、命のやりとりが行われている場面で、そのやりとりを行っている当事者たちが、同じ言葉を異なる意味で使うなどといったことは通常考えられないから、入鹿と中大兄のやり取りの中に登場する「天宗」と「天子」と「天孫」というのは、相互に繋がりのある言葉と考えるのが自然である。すると「天宗」は明らかに聖徳太子一族、即ち上宮家のことを指すから、「天」は聖徳太子、「天子」（原文は「天之子」）は聖徳太子の子、「天孫」は聖徳太子の孫ということになる。そして大切なことは、中国における天帝と天子（皇帝）の関係などから類推して、「天」と「天子」の間に実際の血縁関係はいらないが、「天孫」と「天」の間には要るということである。「天子」は、「天」の啓示を受けた存在であれば誰でもいいが、さすがに「天孫」は「天」の一族でなくてはならない。あえて「孫」という以上は、血縁関係を想定するのが自然である。

だとすれば、入鹿は「天孫」にはなれないが「天子」にはなれることになる。しかも入鹿は聖徳太子の蘇りを目撃しているのである。パウロがその復活を目撃した瞬間、イエス・キリストから強い啓示を受けたように、入鹿もまた、その蘇りを目撃した瞬間、聖徳太子から強い啓示を受けていたはずである。

さてそこで解釈が変わる。ならば入鹿の言い分は、決して傲慢不遜な言い分ではなくなる。極めて正当な主張だったということになる。なぜならば彼は「天子」なのだから。

それに対して、中大兄皇子の言い分の方には無理が生じる。そもそも聖徳太子一族は山背大兄王が入鹿に攻め滅ぼされたとき、ほぼ全滅しており、中大兄にしても、彼が天皇に担ぎ上げた軽皇子（孝徳天皇）にしても、聖徳太子の血縁ではあっても、その「孫」を名乗りうる立場にはなかった。だから乙巳の変の前後、中大兄らは、誰を新天皇に据えるかをめぐって相当深く悩まなくてはならなかったのである。

加えて、「天」の啓示を受けた「天子」と相対するのである。「天」が聖徳太子であるのなら、その聖性が、血縁を通じて「天孫」に伝わることの必然を証明しなくてはならなかった。それができなかったからである。

しかも中大兄の言い分には、最初から無理があった。「天孫」という言葉は、入鹿が「天子」を名乗ったことへの対抗上、惨劇の最中、中大兄が咄嗟に捻り出した言葉に過ぎなかったからである。『日本書紀』を見る限り、このとき以前にその使用例はない。そうした言葉に、他に対する説得力があろうはずがなかった。

六、聖徳太子の失権と復権

しかし歴史はときに不合理な選択を行う。結局勝ったのは、中大兄の方であった。入鹿は斬殺され、蝦夷は甘樫丘の邸宅と共に滅んだ。

となると中大兄らは、自らの言い分の弱点を早急に埋め合わさなくてはならなくなった。ではどう埋め合わせたのか。

異を唱える者を次々と抹殺していくという埋め合わせ方は別として、「天」の聖性が血縁を通じて「天孫」に伝わる必然の証明ができないことに弱点があるとすれば、その聖性が「天孫」にしか伝わらないような新たな「天」を発明すればよかった。そしてそれは「天地開闢けてより、君臣始めて有つことを以て、賊の党に説かしめたまひて、赴く所を知らしめ」（『日本書紀』皇極四年六月戊申条）との、中大兄皇子決起の宣言を敷衍して、「天」を、聖徳太子ではなく、天照大神以来の皇祖皇宗を指す「上古の聖王」（『日本書紀』大化元年七月戊寅条）に置き換えることであった。その置き換えができれば、確かに「天」の聖性は血縁によってしか伝わらないことになり、「天孫」はその伝えを受けた存在として正当化されることになるからである。

中大兄が燃え盛る蘇我邸から『天皇記』『国記』だけは救い出そうとしたのは、その置き換えに必要な天孫降臨神話の構築のためだった。

しかしその置き換えを行うためには、ただ物語をつくるだけでなく、死して蘇り折角聖となった聖徳太子の存在を抹殺しなくてはならなかった。そして大化改新政府はそれを行った。乙巳の変後即位し大化改新を推進した孝徳天皇は、即位後僧侶たちを集めて改めて仏教興隆の詔を出すが、その詔において、推古朝の仏教興隆における蘇我馬子の功績には触れても、聖徳太子の功績には一切触れなかったのである（『日本書紀』大化元年八月癸卯条）。それは聖徳太子の存在の抹殺であった。六七〇年、かつて聖徳太子が建てた斑鳩寺（法隆寺）が炎に包まれるが、その時も多分燃えるに任せられたのだと思われる。

しかし、死して蘇った聖徳太子以外に聖はいなかった。聖とは千年に一人しか現れない存在だということを忘れてはならない。「上古の聖王」は物語の中には存在しえても、現実には存在しえなかった。だから聖徳太子の存在を抹殺したということは、再び聖なき時代に戻ったということしか意味しなかった。

では聖がいないと何が困るのか。聖徳太子が何故に聖を求めたかを想い起こしてほしい。彼は自らの定めた一七条憲法に、真の法としての権威を与えるために聖を求めたのである。法がつくれなくなるのである。国家の命令を法に鋳直し、人々の納得の上に打ち立てることができなくなるのである。

そしてそのことは大化改新政府を悩ませ続けた。改新政府は周知の如く、班田収授制の施行をはじめ、実にたくさんの改革を行った。しかしそれを正当化し、人に納得させるだけの法を制定・整備することができなかった。故に統治が安定せず、孝徳天皇は中大兄皇子（皇太子）らの離反にあって失意の内に死ななくてはならなかったし、その後を受けた斉明天皇は、やることなすこと恣意的ととられ、彼女が開削しようとした、現在の天理市から飛鳥に及ぶ運河（渠＝溝）などは、「狂心渠」とのレッテルが貼られた。そして統治の混乱は軍事指揮の混乱にも影響し、六六三年、杜撰極まる作戦の結果、日本は、唐・新羅連合軍に、朝鮮半島白村江で大敗した。

やはり法の支配の確立は必要であった。後に『類聚三代格』が「序事」において「推古二十二年上宮太子みずから憲法十七箇条を作る。国家の制法ここより始まる」と述べたように、そのためには、あらゆる法の上に立つ法としての一七条憲法の権威の確立が不可欠であったが、そのためには死して蘇り、聖となった聖徳太子の存在を肯定的に捉えることが、まず必要であった。

そこで聖徳太子の存在を無視する戦略から、それを肯定的に捉える戦略に切り替えたのが、六七二年におきた壬申の乱の勝者、天武天皇（大海人皇子）であった。

彼はまず六七〇年に消失した法隆寺の再建に取り掛った。当然単なる再建ではなかった。聖徳太子の居場所にふさわしく、太子の偶像（釈迦如来像）を安置する金堂が、仏舎利をおさめる塔と横に並ぶ、法隆寺様式を持った寺院としての再建であった。また歴史の編纂を命じ、聖徳太子の事績、とりわけ一七条憲法制定の評価の回復を図った。彼が直接編纂を命じたのは『古事記』であったが、それに次いで編纂された『日本書紀』において、大化改新詔と並ぶ詳細さを以て一七条憲法が記述されているのは、そのことを示唆していた。そしてその天武天皇を引き継いだのが聖武天皇であった。彼は、後に『日本霊異記』が、太子の生まれ変わりとして描くほどの太子への心酔ぶりを示し、法隆寺を完成させた。その場合法隆寺金堂壁画は天平文化を代表する傑作だということを想い出してほしい。そして、聖徳太子信仰の広がりを生み、厩戸皇子が当たり前のように聖徳太子と呼ばれる思想状況を生んだのである（田中一九八三）。

ただ、ここまで見てきたことからも明らかなように、聖徳太子の聖としての存在を認めるということは、その聖（「天」）の委任を受けて天皇になる人間を、必ずしも「天孫」に限る必要がなくなるということも意味した。太子の啓示を受けた人間であれば、蘇我入鹿のような「天子」であってもかまわなくなることを意味した。かつて中大兄皇子（天智天皇）が危惧したことが、現実になる可能性を意味した。

事実天武朝以降、その傾向は生まれた。そもそも壬申の乱をひき起こして、まさに革命を起こして即位した天武天皇自身に「天子」的要素があった。また聖武天皇は、迷うことなく阿倍内親王の立太子を断行した。それはやがて皇統が「天孫」の外に移る可能性を示唆していた。そして称徳天皇は、間違っても「天孫」とはいえない道鏡に、皇位を譲ろうとした。

しかしこれは防がなくてはならなかった。だから天武天皇にしても聖武天皇にしても、聖徳太子の権威は復活させたが、同時に天智天皇の記憶も消し去ろうとはしなかったのである。

第二章

統一国家の建設

一、壬申の乱の衝撃

さて、先に述べたように長くこの国は東西カップリング国家という国家の形をとってきた。国々の集まりである国家を統合するのには、隣接する村同士、国同士の間に生じる対立・軋轢をより大きな対立・軋轢で包み込んでいくという方法が取りやすかったからである。それが最終的には東国と西国の対立と妥協に収斂し、東西カップリング国家という形になったのである。

後世、応仁の乱後、京都や堺で、町々を土台とした町衆の自治が発達するが、その場合でも都市全体を覆う単一の自治団体は形成されなかった。京都では上京と下京という、堺では北組と南組という二つの町（町組）の集合体が生まれ、その対立と妥協の上に自治は形成された。東西カップリング国家は、国家が村々の集合体、国々の集合体の如き感を呈する社会にあっては、生まれやすい国家の形だったのである。

古代日本はそのような形の国家として生まれたのである。だから記紀に記された建国神話（神武東征神話）も、村々（邑々）に「君」や「長」が生まれ、村々が境界をめぐって激しく争うようになったことを建国の動機とし、神武天皇が「西の辺」日向を出て、「六合の中心」大和に向かい、そこで「都」を営むことを、建国の方法としたのである。東国と西国がお互いの対立を止揚し妥協を図るのには、「六合の中心」こそ「都」とするにふさわしい地だったからである。

したがってもし古代日本が、強大な軍事力と「善」を独占する道徳的な力によって国を統一する秦や漢のような国として誕生した国であったとしたら、神武は「西の辺」を離れなかっただろう。列島社会と外部世界の接点である「西の辺」にい続けることの方が、彼の力の源泉になったはずだったからである。秦や漢が、西域と接する中国の「西の辺」長安を決して離れようとしなかったことにヒントを得たはずである。

しかし神武は「西の辺」を離れ「六合の中心」を目指した。しかもさして強くもない軍勢を率いてである。彼の軍勢は、生駒山山麓（日下）の戦いでは長髄彦軍に完敗し、紀伊半島迂回作戦をとれば熊野村で「大熊」に遭遇して全軍が失神するという、お世辞にも強いといえる軍勢ではなかった。だから天照大神や高御産巣日神が見るに見かねて送った「八咫鴉」や「金鵄」の助けが必要だったのである。その軍勢を率いて彼は「六合の中心」を目指したのである。征服のためというよりは、東国と西国の妥協を演出する場を求めてと考えるのが自然であった。

そう考えると、村々（邑々）の対立を、「六合の中心」に「都」を定めることによって克服しうると考えた、建国神話の想定自体が、この国の古代国家の東西カップリング国家としての成り立ちを示唆していたのである。

しかし七世紀に入ると、さすがにその東西カップリング国家が深刻な危機を迎えたのである。増大する東国の力を利用して王権の簒奪をはかる者が現れたからであった。もしかしたら不破関、鈴鹿関を越えて大和に入ることを許されなかった日本武尊なども、その魁の一人だったのかもしれない。蘇我入鹿に襲われたとき、東国に逃れ再起を期せば必ず勝てるとの従者の必死の説得に、少しは心を動かされたであろう山背大兄王も、その一人だったのかもしれない。そして現に現れたのは、天智天皇の弟、大海人皇子であった。天智天皇の死に際して、後継者争いに巻き込まれ殺害されることを恐れた大海人皇子は、一旦吉野に逃れ、そこから密かに鈴鹿関に進み、そこで美濃や尾張などの東国勢力を糾合して不破関まで進軍、そこで大友皇子（天智天皇の子）率いる近江朝廷側の軍勢と相対峙した。そして大和から進軍した別働隊と相呼応して近江朝廷側を打ち破り、大友皇子を殺害して王権を簒奪、天武天皇となったのである（直木一九六一）。

東国と西国の妥協のラインであった愛発関・不破関・鈴鹿関のラインが、戦場と化したのである。東西カップリング国家という国の形が、ちょっとした東国と西国の力のバランスの変化で、かえって王権簒奪の条件になってしまったのである。

当然天武朝以降の王権は、同じことが二度と起きないように、神経を尖らせずにはいられなかった。天武天皇や、その妻であり後継者でもあった持統天皇が、繰り返し吉野に行幸したのもそのためだった。自分たちと同じことを企むものが、再び現れることを恐れたからであった。七四〇年、九州太宰府で藤原広嗣の乱が起きたとき、聖武天皇は、天武天皇の足跡を追うかのように東国巡行を行い、鈴鹿関と不破関の防御能力の強化をはかったが、これも、西国の反乱が、東国の反乱に連動することを恐れたからであった。また、七六四年に藤原仲麻呂の乱（恵美押勝の乱）が起きたとき、孝謙上皇側はまず三関を封鎖（固関）し、瀬田の唐橋を焼き払い、仲麻呂軍が東国に逃れ出ることを防ぐが、それも壬申の乱の再現を恐れてのことであった。考えてみれば、白村江の戦いに敗れた後、天智天皇が近江京に遷都したのも、敗戦の衝撃で起こるかもしれない東国を拠点にした簒奪の動きを警戒してのことだったのかもしれない。そしてもしそうだとすれば、彼は数年後に起こることを見事に予見していたことになる。

しかし、東西カップリング国家という国家の形態こそが、簒奪の条件になっていたのだとすれば、その国の形態を克服することこそ、壬申の乱後の王権が行わなくてはならないことであった。

そしてそれは、国々の集まりとしてそのバランスの上に成り立ってきた国家を、単一不可分の、国家と国民の間にあって国家同様の権力を行使する中間団体——ここまで述べてきた言葉を用いれば小国家——なき国家に鋳直すことを意味した。

二、八幡神の時代

そこで注目しておきたいのは、奈良時代から平安時代にかけて、やたらと宇佐八幡宮（八幡神）が大きな力を発揮し始めたという事実である。聖武天皇が東大寺大仏を造立しようとしたときにも、八幡神が勧請された。東大寺境内に残る手向山八幡宮はその名残である。

称徳天皇が僧道道鏡を後継者にしようとしたとき、そう推進しようとした称徳天皇も、それを阻止しようとした藤原百川や和気清麻呂も、拠り所にしたのは宇佐八幡宮の神勅であった。そして和気清麻呂がもたらした偽の神勅によって、道鏡の即位は阻止され、皇位は血でもって継がれるべきとの原則が確立した。今日に続く万世一系天皇の基礎ができた。

さらに八六〇年には、平安京の南の郊外の男山に、宇佐八幡宮からの勧請を受けて石清水八幡宮が建設され、伊勢神宮と並ぶ二所の宗廟に数えられるようになった。承平天慶の乱のときも、朝廷が、平将門と藤原純友鎮圧の祈願を行ったのは、この石清水八幡宮においてであった。その名残が、放生会と並ぶ石清水八幡宮の祭り、臨時祭である。

ではそもそも八幡神とは如何なる神だったのか。『古事記』や『日本書紀』によれば、次のような物語を土台に、大和と熊襲の境界の地（大分県宇佐）に生まれた神であった。

景行天皇や日本武尊の努力も空しく、仲哀天皇の時代になると、再び九州南部の熊襲が反乱を起こした。

仲哀天皇は自ら先頭にたって討伐に赴くが、そのとき、神が天皇に次のように語りかけてきた。熊襲討伐など早々に切り上げて、黄金・財宝の国新羅に侵攻せよと。だが、反乱鎮圧の使命感に燃える仲哀天皇はそれに従わず、その結果神の怒りに触れて、病を得て死んでしまう。

そこでその一部始終をみていた皇后気長足姫（神功皇后）は、再び夫の悲劇を繰り返さないために、胎内に亡き仲哀の子誉田別（ほむたわけ）を宿しながら、自ら軍装し、神の命に従って新羅に攻め込んだ。そして神々のサポートを得て勝利をおさめ、莫大な黄金・財宝を得て、九州に凱旋、その地で誉田別、後の応神天皇を生んだ。当然熊襲の平定にも成功した。ただ誉田別が生まれると、その即位を阻止しようと、押熊王ら仲哀天皇の他の子供たちが反乱にたちあがった。そこで彼女は再び軍勢を率いて畿内に攻め上り、押熊王らを倒し、力を背景に七〇年、太子誉田別を摂政として支え、その死と同時に応神天皇の即位を実現した。

こうした物語を土台に、神功皇后と応神天皇を神格化したものが八幡神であった。では神功皇后や応神天皇の神格化されるほどの功績とは何だったのか。次の二つあった。

一つは、以後男系で継承される皇統の基礎をつくりあげたことであった。だから八幡神を祀る石清水八幡宮が、天照大神を祀る伊勢神宮と並んで二所の宗廟に数えられるといったこともおきたのである。ここでは卑弥呼の後を一度は男王が継いだが、再び倭国大乱が起きたので、急遽卑弥呼と同族の娘壱与をたてて王にしたとする、『魏志倭人伝』の一節を思い出してほしい。血統で継いでいく皇位を男系に固定することが如何に困難なことであったかがわかる。DNA鑑定がない時代、母はわかっても、父はわからないのが普通だからである。その困難を神功皇后と応神天皇は、母子で乗り越えたのである。それは神格化されるに相応しい功績であったというべきだろう。

そしてもう一つは、国境の外に新羅や百済や高句麗といった敵を作り出すことによって、国境の内部の対立（大和と熊襲の対立）を緩和し、宥和させたことであった。だから八幡神を祀る宇佐八幡宮は大和と熊襲の境界にたち、その神殿は、二つ屋根が一体化した八幡造りと呼ばれる独特の造りをしていたのである。放生会がその祭りになったのも、長く殺戮を繰り返してきた相手の、熊襲に対する哀れみの情を示すためであったとされる。

なお付け加えておくと、八幡信仰が、国境の外に敵をつくることで国境の内部の対立を緩和し、融和させるタイプの神に対する信仰であったことは、モンゴル襲来を受けて一四世紀初頭に成立した八幡神の由緒書、『八幡愚童訓』によっても確かめることができる。『八幡愚童訓』はその冒頭、次のように述べている。

もともとこの世には国家や王といったものはいなかった。人は「愛欲」もなく「荘厳自然」に生きていた。しかし時が過ぎ、人に「愛欲」が生まれると、そうもいかなくなった。人は、刹那的になり、「愛欲」をむきだしにして人と争うようになった。そして社会を疲弊させ、五穀もろくにとれない状態を作り出してしまった。そこで人は、自らで自らをコントロールすることを諦め、一人の王を戴き、その王に服従することによって、社会に秩序を取り戻そうとした。最初の王には「大三摩多」という人が選ばれ、順次「金銀銅鉄ノ輪王」が選ばれていった。「聖主」のもとではよく統治が行き届き、社会は安定した。しかし、王もまた人である、他の人と同様やがてその聖性を失い、「聖主」が現れなくなった。そして「聖主」が現れなくなると、一人の力でこの世の全体を統治できる優れた王がいなくなるから、世界は多くの国に分かれ、それぞれに王を戴くようになった。かくて新羅や百済や高句麗や日本といった国々が、次々と生まれ、お互いに「愛欲」のとりこになって、相争うようになった。そして、その争いの中で日本は、特に「貪欲」な国、新羅の脅威に晒されることとなった。

そして迫り来る新羅や百済や高句麗の脅威と戦って日本を守る神が現れた。それが八幡神（神功皇后・応神天皇）であった、と（『八幡愚童訓』上、一七〇頁）。

ここでも八幡神は、「愛欲」の虜になって日本に押し寄せてくる新羅や百済や高句麗と戦い、これまた「愛欲」の虜になった日本を守る、国益の守護神、排外の神として描かれている。国境の外に敵をつくることで国境の内部の対立を緩和、融和させるタイプの神だったことの証であった。

だから差し迫るモンゴルの脅威があるうちは、祖国防衛の聖なる神として機能したが、一旦その脅威が去ると、たちまち侵略の神に衣替えすることとなった。モンゴルの大軍に立ち向かった日本の水軍（海賊）は、その脅威が去ると、今度は解き放たれたように、倭寇となって中国や朝鮮の沿岸に押し寄せ、略奪を繰り返した。旗印は八幡神であり、乗船は八幡船であった。また「唐入り」を果たし（文禄・慶長の役）日本史上初めての帝国の建設に挑んだ豊臣秀吉が死後望んだのは、朝鮮で壊滅的な敗北を喫したために実現はしなかったが、「新八幡」として祀られることであった。

ではかかる特色を持つ八幡神の活躍し始める時代とは、如何なる時代だったのか。国家が、それを構成するより小さな単位（小国家）の集合体として認識される時代から、外敵の存在を媒介に、不可分の統一体として認識される時代への移行期であった。言い方を替えると、「対外主権」の確立を媒介に、国家の単一性・統一性が改めて確認される時代であった。

したがって、その時代、国家は、国家の外部に新たな「敵」を発見し、それと戦った。その「敵」とは、一つは、従来の「東国」ではなく、その外側に存在する蝦夷であった。奈良時代の初めには多賀城にまで進出し、桓武天皇の時代になると、律令官制にはなかった征夷大将軍という官職（令外官）を設け、坂上田村麻呂らをそれに任じ、繰り返し遠征軍を送った。そして坂上田村麻呂が征夷大将軍のとき、胆沢地方に依って激しく抵抗を続けていた阿弖流為を降し、ほぼ蝦夷地全域の平定に成功した。陸奥国鎮守府も多賀城から胆沢城に移した。

今一つは、熊襲のさらに南側にある、種子島（多禰）や屋久島（掖玖）など、南西諸島に住む人々であった。こちらも軍事行動にうったえた。

ただここで興味深いのは、そこまでしておきながら、唐や新羅を「敵」と捉え、軍事行動を起こすということは、していないことである。余程白村江の敗北に懲りたのだろう。しかしそれをしなければ「対外主権」の確立を媒介に国家の単一性・統一性を確認するといっても、所詮は不十分に終わらざるをえなかった。八〇六年、桓武天皇の前で、藤原緒嗣と菅野真道による、世に徳政論争と呼ばれる政策論争が展開されるが、負担の大きさを理由に「軍事と造作」の中止を訴える緒嗣の意見がいれられると、さしもの蝦夷地遠征も停止を余儀なくされたのである。

ただ「対外主権」の確立を媒介に国家の単一性・統一性を確認するという発想は、観念としては定着した。平安京建設にあたってその東側（四条通りの延長上）の山上に将軍像一体を埋め（将軍塚）都の守り神としたのは、その現れであった。

三、単一不可分の国家を生み出すために

さて、話を元に戻そう。では如何にすれば、国々の集まりとしての国家を、単一不可分の国家につくり直すことができるのか。

一つの方法は明瞭であった。国家を国々の集まりではなくすのだから、その小さな国々の王（豪族）たちを、国造や伴造といった公の地位から外し、彼らに代えて能力に基づく官僚制をつくり上げ、国民を国家の王（天皇）が直接統治する仕組み（王土王民）をつくり上げることであった。それが、大化改新が目指した、私地私民の廃止であり、公地公民制の確立であり、その中身としての班田収授の法の実施であった。ただ先にも述べたように、大化改新政府には、そうした政策を法にまで高めることができなかった。聖徳太子を「上古の聖王」に置き換えた結果であった。故にそれらの政策の実施は、天武朝以降に残された。

ただ方法はそれだけではなかった。もう一つあった。それは全国に都市（国府）と道（七道）のネットワークを張り巡らせ、その中心に「万代の都」を建設するという方法であった。

そこで見ておかなくてはならないのは、国々の集まりとしての国家における都のあり方であった。それは「歴代遷宮」という言葉があるように、移動を繰り返していた。都をどこか一箇所に固定すると、必ず不公平が生まれ、国々の集まりとしての国家のバランスが崩れるからである。とはいえ、先に述べたように、全く同じ理由から都は東国と西国の境界付近、すなわち「六合の中心」におかなくてはならなかった。故に「六合の中心」大和の中での擬似的な「遷宮」を繰り返していた。

そしてその繰り返しは、平城遷都まで続いた。藤原京から平城への遷都を決意したときの元明天皇の論理

は、相変わらず、都を一ヶ所に固定して動かさないことは、自己一身の逸楽のために統治の公平性を失わしめることにつながるからというものであった（「遷都平城詔」）。

しかし単一不可分の国家の都にその配慮は必要なかった。都は国々のバランスを保つための装置ではなく、国家の神経中枢に変化するからであった。確かに神経中枢ではあっても、桓武天皇が「四方の国の百姓の参り出で来る事の便」（『日本紀略』延暦一三年一〇月丁卯条）なる地を選んで平安京を建設したように、神経が末端にまで届きやすい地を選んで都をおくということは大事であった。しかしだからといって、どこかに都をおけば必ず生じる不公平を是正するために、常に都を移動させ続けるという必要はなくなった。神経中枢が他の肉体の部位を超越するのは、やむを得ないし、当然のことだからであった。

しかも都を固定してもいいのなら、都とそれを支える道や国府の建設に莫大な投資をして、都そのものを社会的インフラとしてつくり上げることができた。自然の山や海や川によって結ばれ、また寸断された国土を、より緊密に結びつけ、国家の一体性を、より強固なものにすることができたのである。

また、都をつくるのに「宮」だけでなく都市も同時につくることができた。藤原京の建設以来、都の建設は同時に都市の建設を伴ったが、その流れを定着させることができた。

そこで改めて見ておきたいのは、国々の集まりとしての国家を、単一不可分の国家につくり替えるのに必要であった、公地公民制の確立のもう一つの側面である。それは、全ての国民を等しく天皇の民と捉える王土王民思想を定着させる上で必要な改革であったが、とはいえ従前力を持っていた小国の王――豪族と言い換えてもいい――たちが、それによって突然力を失うといったことをひき起こす改革ではなかった。当然その小国の王たちが生き延びた裏には、彼らの一部が、新たに生み出される官僚制の中で、相応の地位を占めたということもあっただろうが、そもそも公地公民制自体が、その小国の王たちから全財産を奪いとるような制度でなかったことがある。班田収授の法を実施するのに必要な「田荘」の収公は行っても、それ以外の土地や財産、特に山林や畑地に関しては、一指も触れていないのである。要は、それは、その小国の王たちを、政治的支配者から経済的な有力者につくり替えていく改革という側面をもったのである。

七二三年に三世一身の法が制定され、七四三年に墾田永年私財法が制定されて、私有の容認を呼び水に開墾の奨励がなされるが、そうした政策がとられえたのも、公地公民制下にあってなお、広大な開墾可能地と、開墾に投じうる人的・物的資源を有した経済的有力者層が多数いたからにすぎない（吉田一九八三）。

公地公民制下の日本には、班給された口分田だけを頼りに生きる零細な農民だけがいたのではない。政治的支配権こそもたないが――もしくは失ったが――、経済的には大きな力をもった富裕層が、多数いたのである。しかも国家が何か大きな事業をおこそうとすると、必ず彼らに頼らざるを得ない状況も生まれていた。三世一身の法や墾田永年私財法の制定も、ある意味ではそうした状況の現れであった。聖武天皇が盧舎那仏造立を企てたとき、公地公民制を基盤とする自らの財力と、知識と呼ばれる人々の財力を組み合わせようとした。各地で土木工事を興した行基が依拠したのも知識層の財力であった。その知識と呼ばれた人々こそが、その経済的有力者たちであった。

となると単一不可分の国家の都をつくろうとするとき、ただ政治権力を集中させるためだけの都を建設するのでは不十分であった。経済的な力を集中させるための装置も同時につくらなくてはならなかった。それは都市だったのである。

かくて、それ自体が社会的インフラとなる都を、二度と移動することのない「万代の都」として、都市と共に宮都としてつくりだすこと、それが単一不可分の国家をつくり出すための、第二の方法となったのである。

四、都は北へ

但し、この単一不可分の国家を生み出す第二の方法をとるためには、いくつかの課題があった。

一つは、長年「宮」がおかれてきた、大和盆地南部から離れなくてはならなかった。大都市をつくるには、奈良盆地の南部は水運の便が悪すぎた。藤原京をつくるときも、材木の多くは木津川から運ばれた。大都市の建設に必要な用材を確保しようと思えば、宮都は、重量物の運搬に適した木津川・淀川流域におくのが、最も合理的だったからであった。

しかも木津川・淀川流域は、別の意味でも宮都の建設に適していた。その流域には古来多くの土木技術集団が拠点をおいていたからであった。例えば木津川・淀川流域には三ヶ所の、野見宿禰の墓伝承のある古墳がある。京都府精華町にある丸山古墳と、大阪府寝屋川市にある太秦高塚古墳と、大阪府高槻市にある宿禰塚古墳だ。さすがに三ヶ所は多い。それは木津川・淀川流域が、かつて野見宿禰を祖とする土師氏の一大拠点であったことを示している。そして土師氏といえば、古市古墳群や百舌鳥古墳群にある、あの巨大前方後円墳の数々を築いた人々であった。

あるいは、武烈天皇亡き後、大伴金村らに請われて手白香皇女（武烈天皇の姉であり仁賢天皇の子）の夫になるべく越前国からやってきた継体天皇が、五〇七年に樟葉宮（枚方市）で即位して以降、約二〇年にわたって木津川・淀川流域にとどまったが、それは、九頭竜川や足羽川の治水、さらには三国湊の開鑿など、彼の越前時代の治績からいって、多分彼一党の木津川・淀川治水への参入を意味した。

また淀川の支流桂川から淀川にかけての一帯には、渡来人系の秦氏が蟠踞していた。秦氏もまた、長岡京や平安京の建設に大きな貢献をしたことで知られる土木技術集団であった。

当然多くの土木技術集団が木津川・淀川流域に拠点をおいた背景には、木津川・淀川治水への関わりがあった。淀川河岸には、仁徳天皇のときに築かれたとされる茨田の堤跡が残る。そして多くの土木技術集団がいたということは、社会的インフラとしての宮都を築き上げるのに、当然有利な条件であった。

かくて単一不可分の国家を創出するための第二の方法を選択する以上、宮都の木津川・淀川流域への移動は必然化されたのである。

ただ有利な条件は、同時に不利な条件でもあった。木津川や淀川や桂川のような大きな河川の存在は、常に陸上交通の妨げになるからであった。江戸時代京都・江戸間を結ぶのに人々が東海道よりも中山道を多用したのは、東海道は木曽川や天竜川や大井川や富士川といった日本有数の大河によって寸断されていたからだったということを、ここでは想起してほしい。

だとすれば木津川・淀川流域を宮都建設の適地として選択するのにはもう一つ必要なことがあった。それは川に橋をかけるということであった。

だから行基集団が出現し、木津川や淀川に山崎橋や泉橋といった橋をかけ始めたとき、逆にいえば、それを可能にする技術が誕生したとき、宮都はようやく、その建設の適地木津川・淀川流域を目指して北へ移動し始めたのである。

そしてその口火を切ったのが聖武天皇であった。七四〇年藤原広嗣の乱が起きたとき、彼は、壬申の乱をひき起こした天武天皇の足跡を追うかのように東国巡幸に出かけるが、その帰途、平城には戻らず、恭仁京に入り、遷都を断行した。東西カップリング国家の危うさを改めて噛み締め、その危うさから脱却するために、上述した社会インフラとしての宮都づくりに着手したのである。そして時あたかも木津川を渡河する泉橋の建設に取り掛かっていた行基との邂逅をはたし、その助力を求めたのである。

ただその社会インフラとしての宮都だからこそ、それは桓武天皇が最後は「四方の国の百姓の参り出で来る事の便」なる地を選んだように、四通八達の地に置かれることが望ましかった。その意味では、同じ木津川・淀川流域でも恭仁京は南に偏りすぎていた。「七道」の内でも「東山道」と「山陰道」の起点になることを考えると、もう少し北に寄せる方が望ましかった。そこでその宮都は桓武天皇の時代、一度は長岡京（七八四年）に、次いで平安京（七九四年）に移され、そこで固定されたのである。まさに「万代の都」となったのである。

そして「万代の都」が生まれ、単一不可分の国が誕生すると、もはや東西カップリング国家を維持するための装置は必要なくなった。七八九年、愛発関・不破関・鈴鹿関の三関は桓武天皇によって廃止されたのである。

五、都鄙間格差の固定と国風の誕生

しかしこうした単一不可分の国家を生み出すための改革は、長く分裂状態にあった中国を統一した隋・唐の圧力があればこそ行い得た改革であった（石母田一九七一）。白村江の戦いで敗北し、何時唐・新羅連合軍に攻め込まれてもおかしくない状況がなければ、そう簡単には行い得なかった改革であった。ということは、様々な不満や矛盾を無理やり抑え込みながら行われた改革でもあったということになる。当然、外圧が弱まれば、抑え込まれた不満や矛盾は噴き出す。

ではその抑え込まれた矛盾とは。やはり都が「万代の都」として固定され、遷宮・遷都の繰り返しにピリオッドが打たれたことであった。それによって、都鄙間（中央と地方）の不公平が固定され、それを疑似的にせよ是正する手段がなくなったことからくる矛盾であった。長岡京建設の責任者であった藤原種継が何者かによって暗殺されたり、平城上皇が、父帝桓武天皇の遺志を裏切るかのように、平城還都を企てたりした（薬子の変）のも、その矛盾があればこそだったのだろう。

そして九世紀から一〇世紀にかけて、その矛盾は深刻の一途を辿った。中央から派遣された国司に対する反発が各地に広がり、その「悪政」を訴え、さらには公地公民制に基づく地域支配を形骸化させる動きが顕在化した。班田収授の法が正常に実施されなくなり、租税負担者の数も減少し、国家財政を苦しめた。さらには班田収授の法が励行されないために荒廃した田地を不法に自らの荘園として囲い込む人たちも増え、そうした人たちを取り締まるために、九〇二年には醍醐天皇が最初の荘園整理令を出している。

当然そうした現状を憂え、公地公民制をあるべき姿に戻そうと必死の努力をする、「良吏」と呼ばれた優れた国司たちも現れた。讃岐国の国司として活躍し、宇多天皇に取り立てられて右大臣にまで上り詰めた菅原道真や、備中国の国司として、諸国の現状を「意見封事一二箇条」にしたため、九一四年に醍醐天皇に献策した、三善清行のような人たちであった。

しかし都鄙間の構造的な不公平が解消されない限り、その地方の反中央的動きが止まることはなかった。そして遂には一〇世紀半ば、東西相呼応するかの如く平将門と藤原純友が反乱にたち上がる、承平天慶の乱が起きた。平将門に至っては、自ら「新皇」と名乗り、東国の独立さえ宣言したほどであった（網野一九九八）。しかし、とはいえ今さら社会インフラとしての「万代の都」を捨て、何かあれば遷宮・遷都を繰り返してきた平城以前の時代に戻るわけにはいかなかった。

では国家は、この矛盾にどう対処したのだろうか。都鄙間の不公平が解消できないのであれば、それを越えて成り立つ、日本人社会の共同体感情を涵養し、強化するしかなかった。なおその場合重要なことは、都鄙間格差は、社会に存在する階層格差の象徴にすぎなかったということである。格差そのものを乗り越える共同体感情を涵養するしかなかった。

ではそのための方法は。二つはすでに述べた。一つは、聖徳太子の唱えた「以和為貴」との考え方のイデオロギー化をさらに進めることであった。聖徳太子信仰の助長・拡散が図られた。

そしてもう一つは、八幡信仰を広げ、新羅や蝦夷のような国境の外の敵を想定することによって、人々の心の中に、日本人共同体の一員としての感情を植え付けることであった。だから都鄙間の不公平が頂点に達し、承平天慶の乱が起きたときも、反乱鎮圧のための祈願は石清水八幡宮で行われた。

ただ方法はそれだけではなかった。もう一つ重要だったのは、文化的共同体としての日本をつくり上げることであった。国風文化の構築である。そしてその中で最も重要な施策が、仮名を発明し、普及させることであった。日本人以外には誰にもわからないが、日本人なら貴賤上下・老若男女を問わず誰にでもわかる言葉の文字化を図り、日本人社会の共同体感情を格段に高めることであった。

しかも単に人々に感情表現に文字という道具を与えるだけではなかった。それをする中で感情表現の形までもつくり上げていった。そのために宮中で働く女性たちは仮名文学を創作し、国家は『古今和歌集』に始まり『新古今和歌集』に終わる、勅撰和歌集を編纂した。和歌集が編纂されると、人は知らず知らずのうちに、それら和歌集に収められた和歌への共感を通じて、外界を眺めるようになっていく。「歌枕」と呼ばれる和歌にゆかりの地を訪れ、その地を詠んだ和歌同様の感情を込めてその地を眺めるといったことが自然に行われるようになった。その結果、多くの人が、同じもの、同じ景色を、同じように見、同じように感じる社会が生まれた。それこそが、あらゆる社会的対立を呑み込み、和解させる力を持った日本人共同体の成立であり、国家はそれを目指した。

しかも仮名の普及には、感情の交流を通した都鄙間の融和への期待も込めた。『古今和歌集』の編者であった紀貫之が、国司としての任国土佐から都への帰路の旅日記（『土佐日記』）をあえて仮名で書き、在原業平が東国に下る主人公を想定し歌物語『伊勢物語』を著したのも、それを期待してのことではなかったのだろうか。

そしてその日本人共同体が生まれ始めると、今度はそれを、生まれるべくして生まれた共同体として、合理的に理解するため、歴史の「想像」に手を染めた。

一つは、日本人を同祖・同郷の人々の集合体としても描くために、八一五年、嵯峨天皇の命令で『新撰姓氏録』を編纂した。この国を構成するほぼ全ての氏族を、皇統から分岐した「皇別」氏族か、高天原由来の「神別」氏族かの、何れかに分類するためであった。渡来系氏族を意味する「諸蛮」、及び「神別」氏族であっても地上の神地祇に由来する氏族の少なさをいうことで、逆にそれを証明した。

また、言葉は大和言葉、絵画は大和絵、歌は和歌（大和歌）といった具合に、この国のあらゆるものの起源を「大和」に求め、「大和は国のまほろば」との観念の醸成を図った。そしてそのために、廃都平城を、藤原京のようにそのまま朽ちさせるのではなく、南都として保存した。保存の手段は「宗教都市」としての再建であった。

第三章
公家と武家の時代

一、支配階級の起源とその心性

以上のことはさておき、社会インフラとしての平安京を築き、単一不可分の国家を強引に創出したことで生まれた矛盾には、もう一つ深刻な矛盾があった。支配層の官僚化、ということは専門家化が進み、社会インフラとしての「万代の都」とそれを支える交通ネットワークの整備が進展すると、彼ら支配層の気質（マンタリテ）に大きな変化が生じたことであった。

そこで、ここでは改めて、今日に伝わる人類最古の歴史書『聖書』から、支配層出現の経緯を眺めてみよう。人（アダムとエバ）はまず神から「善悪を知る木」（『旧約聖書』Ⅰ六頁）から実をとって食べてはならないと命ぜられ、それを守らなかったばかりにエデンの園から追われた。善悪を知るとは何をなすべきか、何をなさざるべきかを知るということである。自ら、自らの行いを決することを禁ぜられた存在、逆に言えば、何時如何なる時も他者に依存し、他者に隷属することを余儀なくされる存在、それが人であった。

そしてその人の本性は二つのタイプの人を生んだ。

一つはアダムとエバの最初の子カインとその末裔たちであった。カインは神に愛される弟アベルに嫉妬し、ついにアベルを殺してしまう。当然神は怒り、カインに次のように言い渡す。「口を開けて、あなたの手から弟の血を受け取った大地によって、いまや、あなたは呪われる。あなたが大地に仕えても、もはや大地はあなたに産物をもたらさない。あなたは地上でさまよいさすらう者となる」（『旧約聖書』Ⅰ一〇頁）と。大地の「産物」を採って生きてはならないと命じたのである。当然カインは、ならば死ぬしかないと思った。しかし神は続けて次のようにも言ったのである。「カインを殺害する者は誰でも七倍の復讐を受けることにしよう」（『旧約聖書』Ⅰ一〇頁）、死ぬなかれと。

では大地の「産物」を採って生きることを禁じられ、かつ死ぬことも禁じられたカインはどうなったのか。「地上でさまよいさすらう者」即ち乞食になるしかなかった。カインとその末裔において、他者依存性は、生きるための基本である食の獲得（捕食）の他者依存となって現れたのである。

しかしカインとその末裔が捕食を他者に依存したことの結果は革命的であった。捕食という最も労苦に満ちた行為を、自ら行わなくてもよくなったのである。カインとその末裔は、ありあまる時間と、体重に比して大きな大脳と、二足歩行が解き放った手を使って、一人一人がその個性に従って才能を自由に発展させることができた。様々な職能を生み出していったのである。『聖書』はその有様を次のように述べている。

レメクは二人の妻をめとった。一人の名前はアダ、もう一人の名前はツィラである。アダはヤバルを生んだ。彼は、家畜をもって天幕に住む者の父祖となった。彼の弟の名前はユバルであって、こちらは竪琴と笛を奏する者すべての父祖となった。ツィラもまたトバル・カインを生んだ。鍛冶である彼は青銅と鉄を扱う者すべて〔の父祖〕である。（『旧約聖書』Ⅰ一一頁）

牧畜を生み、芸術を生み、鍛冶や鋳物師を生み、分業を生んだのである。まさに文明を生んだのである。しかし、カインとカインの末裔タイプの人が生まれれば、その対極に、自らの必要を越えて、カインとカインの末裔のためにも捕食に携わる人々が必要となった。それが大洪水を生き抜いたノアの父レメクとノアとその末裔たちであった。

レメクは、ノアが生まれた時、次のように予言した。「この者は、ヤハウェが大地を呪われたゆえに〔果たさねばならない〕われらの仕事と手の労苦から〔われらを解き放ち〕、われらを慰めてくれるだろう」（『旧約聖書』I一四頁）と。この予言は、カインがアベルを殺し、ヤハウェが大地を呪い、カインに大地の「産物」を得て生きることを禁じ、さらには死ぬことさえ禁じたとき、何がおきたかを端的に物語っていた。カインとカインの末裔が捕食から解き放たれたとき、それはメレクらには「手の労苦」となって跳ね返ったのである。そしてそれがあまりに苦しいから、レメクの子ノアはヤハウェと結託して大洪水を起こし、人類皆殺しを試みたのである。

人の他者依存性は、カインとカインの末裔の他者依存とは異なる、もう一つの他者依存性を生み出した。他者に隷属し、他者のための捕食に携わる、レメクとノアとノアの末裔の他者依存性であった。「ノアは最初の農夫として葡萄畑を作った」（『旧約聖書』I二〇頁）、そして彼らはやがて農民となり（農業革命）、奴隷となった。

かくて、他者依存性という人の本性は、大きく分けると、自由勝手に生きることによって分業と文明を発達させていく、非農業民的人間と、他者に隷従し他者の生存を義務的に支える農民という、二つのタイプの人間を生み出したのである。

では支配層は、そのどちらから生まれたのだろうか。隷属する農民から生まれたのである。エジプト王（ファラオ）に奴隷として仕えていた農民ヨセフ（ノアの子孫のアブラハムの子のイサクの、そのまた子のヤコブの子）が、ファラオの見た七頭の雌牛と、一本の茎に七本の穂を生やした麦の夢の夢判断を託され、次のように答えたとき、それは生まれた。

今から七年、エジプト全土は大豊作になります。ところが、その後に続いて、飢饉の七年が起こるのです。そこで、エジプトでは、豊作のことなどすべて忘れ去られます。飢饉が国を疲弊させるからです。その後に起こる飢饉のために、国にあった豊作のことは気にも留められなくなります。飢饉があまりにも激しいからです。ファラオの夢が二度も繰り返されたのは、このことが神によって定められ、神がすみやかにこれを実行なさろうとしているからに他なりません。ファラオは今すぐにも、聡明で賢い人物を一人捜し出し、国中に管理官を任命して、豊作の七年間、エジプトの国から〔収穫の〕五分の一を徴収〔それを〕果たし、彼をエジプトの国の上に立たせられますように。ファラオご自身が〔それを〕果たし、なさいますように。これから続く豊作の七年間、彼らに食糧を集めさせ、町々にて穀物を食糧としてファラオの管理下に集積し、〔これを〕保管させるのです。その食糧は、エジプトの国を襲う七年の飢饉に備えた国の備蓄となり、国は飢饉によって絶ち滅びることはないでしょう。(『旧約聖書』Ｉ一〇六〜一〇七頁)

その結果、ヨセフが「宰相」となり、その一族が「管理官」となったのである。これが支配層(権力者)の誕生であった。

飢饉に備えた備蓄の必要が、多くの人の抵抗を排してそれを行う権力者の必要を生み、それがカインの末裔ではなく、ノアの末裔を、その権力者の地位に押し上げたのである。彼らは元々捕食に従事する人々であったし、他者への隷属を本性とする人々であったからである。だから隷属の対象を特定の個人から社会の全体(公)に切り替えるだけで、容易に権力者になれる資質を持っていたのである。『聖書』が、カインの末裔ではなく、ノアの末裔の建国物語だった所以である。

二、弥生時代から古墳時代への移行を顧みて

この世の支配層は非農業民からではなく、農民から生まれたのである。そしてそのことは日本においても同じであった。日本の支配層の故郷は、天照大神の治める高天原であったが、高天原は農村であった。だからそこを訪れた素戔嗚尊は、田の畦を破壊するなどの乱暴狼藉を働いたのである。そして彼らは、その高天原から、列島社会（葦原中国）に外からやってきたのである。しかも、誰もいない、何もないところにやってきたのではない。既に大国主神による国家形成がほぼ終わったところにやってきたのである。では最初から、大国主らに国譲りをさせ、支配層として臨んだのか。そんなことはなかった。やってきたのは天孫瓊瓊杵尊が最初ではない。その前に天穂日命と天稚彦とがやってきている。しかし彼らはやってくるや、たちまち大国主（大己貴神）に「佞り媚びて」（『日本書紀』神代下、一二二頁）、地上の安逸に耽ってしまっていたのである。要は寄留し、奴隷に身を落としていたのである。奴隷の生活が安逸なのは『聖書』世界においても同じであった。モーゼに率いられて出エジプトを果たしたユダヤ人たちは、何か苦難に直面すると、いつもエジプトで奴隷でいた時代の安楽な生活を懐かしみ続けた。

『聖書』が古代ユダヤの支配層の自己認識であったように、記紀神話もまた古代日本の支配層の自己認識である。その自己認識をたどる限りにおいて、この国の支配層の起源もまた、寄留農民であり、奴隷だったのである。それはアブラハム・イサク・ヤコブ等ノアの末裔たちと同じであった。

そしてそう考えると理解できるのが、この国に水田稲作が伝わった弥生時代における、農民集落のあり方である。それはしばしば環濠集落と呼ばれるが、常識では考えられない構造をしていた。柵や塀が環濠の内

側にでなく、外側に張り巡らされていたのである（下條一九八九年）。ということは、環濠は集落の防御施設としてつくられたものではなかったということになる。もし防御施設ならば、やはりそれらは環濠の内側に巡らされなくてはならないからである。ではその正体は何だったのか。考えられることは一つしかない。それはその外側に住む人々が、その内側に住む人々を監視、コントロールするための施設だったということである（小路田二〇一〇）。江戸時代の長崎出島のような施設ということになる。となるとそれは、弥生時代、水田稲作とともに縄文世界に入り込んできた弥生人たちは、ノアの末裔たちと同様、当初は寄留民として、奴隷として入り込んできたことになる。その証拠の施設ということになる（図1）。

図3-1　大阪府高槻市にある弥生環濠集落遺跡安満遺跡。史跡公園として整備されているが、右が集落で左が集落の外。砂利を敷き詰められているところが環濠跡であり、その外側に盛り土の張り巡らされていた有様が復元されている。

だから弥生人たちが入り込んできたからといって、縄文人たちはいなくならなかったのである。また支配というものを生み出す重要な道具としての金属器（青銅器・鉄器）の流入が、稲作の流入と必ずしも連動していなかったのも、わかるのである。

しかしこの国においても古墳時代になるにつれて、その弥生人たちの一部は、確実にヤコブの子ヨセフらと同じように、この国の支配層に転化していた。『日本書紀』上では、古墳時代の始まりを告げる巨大古墳箸墓の建設された時代の天皇（大王）とされる、崇神天皇のとき、次のような農本主義的イデオロギーが称揚されているのは、そのことを示唆している。

農は天下の大きなる本なり。民の恃みて生くる所なり。今、河内の狭山の埴田水少し。是を以て、其の国の百姓(おほみたから)、農の事に怠る。其れ多(さは)に池溝を開(ほ)りて、民の業を寛めよ（『日本書紀』崇神六二年七月丙辰条）

と同時に古墳時代になると農民たちを監視していた環濠集落は解消し、人は大規模集落（広瀬和雄に言わせれば「都市」）を形成せずに生きる生き方を選択した。農民が農民らしく大地に広がって生きる時代の到来であった。

では寄留奴隷であった農民が、この国で支配層に上り詰めるきっかけは何だったのだろうか。私はそれが、崇神天皇五年に起きたとされる、疫病の大流行だったのではないかと思っている。エジプトでは飢饉であったものが、日本では疫病だったのではないだろうか。この疫病の大流行を機に、国家の守り神が、天照大神から大物主神に代わっている。天照大神は、素戔嗚尊の乱暴狼藉を、ただ悲嘆に暮れるだけで、なすすべもなく受け入れた神であったが、大物主神は、登場するとき、それまで大国主命の建国を助けてきた少彦名神（工業神）を海の彼方に放逐し、同時にときの王大国主に、大和国三輪山の麓に住む自らを祀れと命じた神であった。それは、それを祀る人々が奴隷の境遇を脱して、支配者に転じ始めていたことの証であったと思われる。

以上、この国においても、支配層の起源はカインの末裔ではなく、ノアの末裔、即ち農民であった。だから古墳時代以降、この国の支配層は都市をつくらなかった。政治的中枢としての「宮」はつくっても、最小限の施設しかつくらなかった。飛鳥に点在するいくつかの宮跡の規模の小ささを見ればわかる。

にもかかわらず、単一不可分の国家を生みだすために、この国は、国家の統治を農民出身の領主にではなく、カインの末裔にこそ相応しい専門的能力の持ち主に委ね、統治の拠点を農村から都市に移そうとしたのである。

それは矛盾であった。それは、ノアの末裔的な他者への隷従を厭わない心性の持ち主にこそ相応しい支配という行為を、カインの末裔的な、捕食という生きるために最も必要なことさえ他人に任せ、自分は個性や能力に導かれながら自由勝手に振る舞うことを本性とする人々に委ねるに等しいことだったからであった。そんなことをすれば、慈円の次の発言にもあるように、「国王ヨリハジメテ。アヤシノ民マデ」一人の例外もなく、「世ノマツリゴトニモノゾマズ。スベテ一切ノ諸人ノ家ノ内マデヲ、ダシクアハレム方ノマツリゴト」にのみ専念する社会を生み出してしまう。

人ト申ハ。世ノマツリゴトニモノゾマズ。スベテ一切ノ諸人ノ家ノ内マデヲ、ダシクアハレム方ノマツリゴトヲ。又人トハ申也。其人ノ中ニ国王ヨリハジメテ。アヤシノ民マデ侍ゾカシ。（『愚管抄』二九七頁）

その結果、支配や統治といった公的な行為さえ、私的な動機で行う人々が増え、国家はたちまち四分五裂に陥ってしまうからであった。

三、末法思想の時代

ただこの統治という公的な行為を、私的動機で行う人々の増加は、平安時代、止めようのない勢いで進んだ。支配層を支えるエトスが根本的に切り替わったのである。

国家統治の基礎である公地公民制を破壊してでも「荘園」の集積に走る上級官人、国司に任ぜられながら任国にも赴かず、ただひたすら税収だけを貪る遙任国司、任国には赴くが、そこでは収奪の限りを尽くし、説話集『今昔物語』のネタになるほどの貪欲ぶりを発揮した受領国司など、その事例に事欠かない。ちなみにその『今昔物語』のネタになるほどの貪欲ぶりを発揮した受領国司とは、尾張国の受領藤原元命だったが、あまりの強欲ぶりに、九八八年、地域住民からの訴えをおこされ（「尾張国郡司百姓等解」）、さすがに解任の憂き目にあっている。

そしてやがて統治そのものが崩壊した。地方はいうに及ばず、平安京（京都）の治安さえろくに保てない状況が生まれたのである（高橋二〇一四年）。しかしそれでも統治という行為を、私的動機で行う人々の増加を食い止めることはできなかった。

ならば、発想を逆にしなくてはならなかった。その現実を押しとどめようとするのではなく、認め、統治という行為を私的動機で行う人々の存在を前提に、国家の四分五裂だけは防ぐ方法を模索しなくてはならなかったのである。

例えばそのために慈円流の末法思想が生まれた。人が統治という行為さえ、どんどんと私的動機で行うようになっていく有様を、慈円は次のように「日本国ノ世ノハジメヨリ。次第ニ王臣ノ器量果報ヲトロヘユク」有様を捉えた。

日本国ノ世ノハジメヨリ。次第ニ王臣ノ器量果報ヲトロヘユクニシタガイテ。カヽル道理ヲツクリカヘミシテ。世ノ中ハスグル也。劫初劫末ノ道理ニ。仏法王法。上古中古。王臣万民ノ器量ヲ。カクヒシトツクリアハスル也。（『愚管抄』二九五頁）

しかし、ならば一つ一つは衰えゆくその「王臣ノ器量果報」を、「ヒシトツクリアハスル」（合成する）ことさえできれば、世の中を運営していくのに必要な「器量果報」（あるいは「道理」）は得られるではないかと考えたのである。そして事実人はそのようにして、「道理ヲツクリカヘ〳〵シテ」ここまで生きてきたとの仮説をたて、それを歴史の中で証明したのである。

初代の神武天皇から一三代の成務天皇までは、王一人の「器量果報」で統治は全うしえた。しかしやがて、王の「器量果報」が衰えたので、神功皇后のような優れた王族の補佐がなければそれが行えなくなった。聖徳太子などもその優れた王族の一人であった。しかしそれにも限界があり、やがて蘇我馬子のような優れた臣下の「器量果報」も合わせる必要が生じた。ただ臣下の「器量果報」を合わせるとなると困ったことも起きた。蘇我入鹿のような下剋上を起こしかねない者も、時として現れたからであった。そこで天照大神と天児屋根命が取り交わした、天照大神の子孫に何かあると天児屋根命（中臣氏・藤原氏の始祖）の子孫がそれを助けるとの約束を拠り所に、その王を補佐する臣下を藤原氏に限定するということが行われた。しかし地位の世襲化は「器量果報」の益々の低下につながった。菅原道真のような優れた臣下が現れ、名補佐役となったこともあったが、それとて一時のことであった。そこで、もっと多くの人の「器量果報」を付け加える必要が生じ、保元の乱をきっかけに「武者」の「器量果報」がさらに付け加えられることになった。かくて鎌倉幕府の誕生以降の平和が実現した。

歴史をこう総括し、自らの仮説をかく証明したのである。

そしてその上で、その「王臣ノ器量果報」を「ヒシトツクリアハスル」方法に言及し、それを「道理詮」（『愚管抄』二九七頁）と名づけたのである。さらにはその「道理詮」に臨むのに必要な心構えを次のように説いたのである。

智恵アラン人ノワガ智解ニテシルベキ也。但モシヤト心ノ及ビ詞ノユカンホドヲバ申ヒラクベシ。(『愚管抄』二九五〜二九六頁)

とにかく「ヲトロヘユク」「器量果報」の持ち主しかいないのであるから、どんなに優れた人でも「道理」とは何かを確実に言い当てられる人はいない。したがって、これぞ「道理」だと思いつくことがあれば、とにかく言葉に出して対話せよと。

これがしばしば末法思想の代表のようにいわれる慈円の末法思想であった。統治という行為が人の私的動機で行われる時代への対処法を説いた思想であった。

かかる思想的営為が、平安時代から鎌倉時代にかけて、さまざまな形で行われたのである。そして総じて人の悟りへの諦念が説かれた。平安時代中期以降の浄土信仰の広がりが、そのことを示唆している。人は、人である限り悟れない(成仏できない)から、死後極楽浄土に往生し、阿弥陀如来によって救ってもらうしかないというのがその中身であった。それを、凡夫にとっては、成仏を目指し修行を積むよりも、死後往生を願う方が楽だからという理由で勧めたのが『往生要集』の著者源信(恵心僧都)であり、人の能力限界から説いたのが法然であった。

ではなぜ多くの人は悟りへの諦念を説いたのだろうか。悟れるか、悟れないかを聖と凡夫の分岐点にしたままでは、統治という行為さえ私的動機で行う人々の存在を、むしろ肯定的に捉えることができなくなってしまうからであった。それができなければ、そうした人々の存在を前提に、国家の四分五裂を防ぐ方法など、描きようがなくなってしまうからであった。

だから慈円におけるように、末法思想と「道理詮」の提唱という政治改革の方途が結びついたのである。ただだからといって、人への諦めを語り、人の私を野放図に放置していいかというと、誰しもそうは思わなかった。当然それには一定の制限が加えられなくてはならないと思った。その制限がないと、慈円のいう「道理詮」さえ行うことができないからであった。

ではどのようにしてその制限を加えるのか。釈迦や聖徳太子のような絶対的な覚者の前に立たせることによってか。そうではなかった。大抵の場合は、人の内面に私利私欲と同時に存在する理性や良心の芽を見出すことによってであった。理性や良心もまた、人に本来的に備わったものとみなすことによってであった。

だから行基や空海は、全宇宙の創造主＝法身を思い描いた。行基は盧舎那仏として、空海は大日如来として。もしこの世にそのような存在があれば、人もまた被造物であり、人の内面にその造物主が宿るのは必然ということになるからであった。また最澄は「人皆仏性」を説いた。

しかし心の改革だけでは、国家の四分五裂は止められなかった。では、現実的には、どのような方法で以って人はそれを止めようとしたのか。以下みていこう。

大仏造立と日本人の悟り

奈良の大仏は正式には盧舎那仏という。但し七四三年に聖武天皇によって盧舎那仏造立の詔が発せられたときには、決して大仏ではなかった。紫香楽宮に、普通の大きさというには大きいが、高さ約五メートルぐらいの丈六仏として造られる予定であった。しかし、やがて建設場所が平城に移り、同時に高さ約一五メートルのあの大仏になったのである。

では盧舎那仏とはどのような仏か。釈迦仏は釈迦の偶像だが、盧舎那仏は違う。全宇宙の中心にいて、この世の全てのものを生んだ「法身」の別名だ。いわば全知全能の神であり、空海に言わせれば大日如来だ。姿形がなく、全てのものを生んだから全てのものに宿り、必然的に人間にも宿る。釈迦仏が人の外に、人を超越して存在するのに対して、人の内側に宿り、人を内側から突き動かすという存在が、盧舎那仏だ。

ただ、こういうと我々は一つのことに気づく。わざわざ『華厳経』のような難しい経典に頼らなくても、日本にも同じような神はいたということにである。

雄略天皇の時代に生まれた神々、一言主神、（別）雷神、高御産巣日神がそれだ。ある日雄略天皇が葛城山の麓で狩をしていると、顔形が自分と全く同じ一言主神に遭遇した。そしてその神と共にいるとき、彼は人から有徳の天皇として尊敬された。雄略天皇が自らの内面に潜む神を発見した瞬間であった。

またあるとき、彼は部下に命じて大物主神を捕らえさせ、雷神に改名させた。大物主神は人間の女性と交わり、後に神武天皇の皇后となる媛蹈鞴五十鈴媛を産ませたり、自らの子（人間）太田田根子に自らを祀らせることによって崇神天皇五年に起きた疫病の大流行を鎮めたりしたことで有名な神であるが、それを雷神に改名させたのである。上賀茂神社に祀られる別雷神である。ではその別雷神とはどのような神か。人間の女性玉依姫から生まれた神であった。人に「神性」の宿ることを証明した神であった。それがなければ人から神は生まれないからである。ちなみに別雷神には人間の親がいたから、上賀茂神社には一対の鴨御祖神社（下鴨神社）が存在したのである。

そして『日本書紀』の「顕宗紀」や「欽明紀」の語りから類推するに、雄略天皇の時、高御産巣日神が誕生した。「造物」とか「鎔造」といった名で呼ばれる神であり、明かに万物生成の源となった神であった。

三神合わせて、まさに盧舎那仏同様の神であった。万物生成の源であり、故に人にも宿る神であった。ではそのような神がいながら、なぜその神々の誕生から三〇〇年も経った奈良時代になって、改めて盧舎那仏の造立を企てなくてはならなかったのか。三〇〇年も経てばその神々も古くなり、忘れ去られてしまったからというのは説明にならない。というのも記紀神話が完成し、高御産巣日神がようやく神々の秩序の頂点にたったのは、八世紀になってからのことだったからであった。

その神々が現れる前に、釈迦であれ、聖徳太子であれ、「悟り」を得て人でありながら神同様の存在となった、聖の時代がなかったからであった。聖は人だから言葉ももてば、姿ももつ。人に、人の外部から規範を与える力ももつ。しかし盧舎那仏であれ、高御産巣日神であれ、「造物」はそれらをもたない。ただ人の中に潜み、人の内側から人を突き動かすだけである。だから、下手をすれば人の恣意を、神の意思に変えてしまう危険性さえもつ。雄略天皇や武烈天皇の恣意的で乱暴な支配は、その危険性の現れだったのかもしれない。多分彼らは、自らの内には「造物」が潜むと誤解し、その恣意を極端にまで拡張したのだろう。

しかし一旦聖の支配が成立した後なら、話が違ってくる。空海が『十住心論』という書を著し、人の悟りに至る階梯を一〇段階に分けて説明したが、釈迦の段階をその九段階目に位置付けた。当然一〇段階目は、法身の独り言を密かに聞く能力の獲得――だからそれは「密教」なのだ――ということになるのだが、大事なことは、釈迦の境地を九段階目に位置付けたことの方である。法身の教えを直接聞く前段に、釈迦の教えを聞く段階を設けたことである。

だとすれば盧舎那仏が人に及ぼす作用は、具体的には、釈迦の教えを、人にとって外部的な規範から、内部的な規範に切り替えさせることになる。聖武天皇が自らを「三宝の奴」といったように、人をその前により敬虔な存在にさせる。

だから推古朝以降の、釈迦と聖徳太子という二人の聖の時代をへて、聖武天皇は、改めて盧舎那仏造立を企てたのである。

しかし一旦盧舎那仏が誕生すると、人を聖に導く「悟り」という観念が激変した。「悟り」は修行の結果ではなく、人の内面に宿る仏（あるいは聖徳太子）の作用ということになった。「人皆仏性」という言説が成立した。ならば、さすがに何の修行もせずにというわけにはいかなかったが、多少の修行さえ積めば――例えば比叡山に登り一二年の修行を積めば（「山家学生式」）――人は誰でも悟れるということになった。「悟り」のレベルが一挙に下がったのである。それまで人が到達すべき最高の境地は如来（まさに「悟り」を得た釈迦のような人）の境地とされてきたが、それが修行中の身にすぎない菩薩の境地にまで引き下げられた。かつて、釈迦如来と同一視され、釈迦如来像を以てその偶像とされた聖徳太子なども、せいぜい救世観音菩薩の生まれ変わり程度の存在になってしまった。かかることが起きた。

逆に世界の頂点には、釈迦や聖徳太子のような、人でありながら「悟り」を得て神同様の存在となった人ではなく、そもそもこの世（宇宙）の創造主として認識された、盧舎那仏や法身と命名された神が君臨するようになった。

ちなみに、かかる盧舎那仏造立以降の有様を直視し、仏教のあり方の革新を図ったのが、最澄であり、空海であった。最澄は「人皆仏性」を語り、受戒の基準を鑑真がもたらした基準（具足戒）から大幅に緩和した（菩薩戒）。空海は盧舎那仏＝法身を大日如来と言い換え、その独語を聞き取る術（密教）を発明した。

ではこの「悟り」観念の激変は何をもたらしたのか。さすがに「人皆仏性」を信じて、自らに潜む仏性を自覚しさえすれば、釈迦並みの「悟り」に至るなどと本気で考える人はいなかった。結局は、人は永遠に悟り得ない存在であるとの自覚をもたらしたのである。

しかし一方で「悟り」を求め続けながら、他方で人は絶対に悟り得ないことを自覚するというのはやはり矛盾であった。ならば、盧舎那仏（法身）の――内なる仏性の――作用による「悟り」を、阿弥陀如来による「救い」に置き換えてやればよかったのである。阿弥陀如来もまた、釈迦如来のような人ではない、極楽浄土を主宰する一種の神である。だから盧舎那仏との置き換えは可能である。しかも人が「悟り」得ないことと、阿弥陀如来による「救い」の間には一切の矛盾が生じないからである。

かくて平安時代の半ば以降、人は、死後極楽に「往生」し、阿弥陀如来によって救われることを以て「悟り」と理解するようになった。浄土信仰の普及である。『往生要集』の著者源信（恵心僧都）の段階では、「顕密の教法」をよく学ぶ能力をもった「利智精進の人」を除き、「頑魯の者」たちにとって必要な、「覚り易く行ひ易」い「悟り」の技法として、それが推奨された（『往生要集』）。

しかし平安時代も末になると、稀代の碩学、誰から見ても「顕密の教法」をよく学ぶ能力をもった「利智精進の人」とみなされた法然までが、それを「悟り」の唯一の技法と考えるようになっていた（『選択本願念仏集』）。「悟り」はいつしか、人が絶対者になる、もしくは近づくことではなく、人が絶対者に完全に服従することに変わっていたのである。それは全ての人が、心に自己否定の――自らの私利私欲を抑制する――精神を宿した「凡夫」になることであり、まさに市民社会の成立を画する出来事であった。

【参考文献】

・斉藤恵美「大仏論」（奈良女子大学ＳＴＥＡＭ・融合教育開発機構主催「シンポジウム大仏とは何か」〔二〇二二年一〇月二八日〕における報告）。
・小路田泰直『神々の革命――『古事記』を深層から読み直す』（かもがわ出版、二〇一二年）。

四、官人から公家へ

そこでまず参考にしておきたいのは『神皇正統記』の次の歴史認識である。

寛弘よりあなたには、まことに才かしこければ、種姓にかゝはらず、将相にいたる人もあり。寛弘以来は、譜第をさきとして、其中に才もあり徳も有て、職にかなひぬべき人をぞえらばれける。世のすゑに、みだりがはしかるべきことをいましめらるゝにやありけむ（『神皇正統記』一七七頁）

「寛弘」とは一一世紀初頭のこと（藤原道長の時代）だが、それ以前は人材を登用するのに「才」や「徳」を優先して行っていたが、それ以降は「譜第」（家柄・血筋）をまず重視し、その上で「才」や「徳」にも考慮を払うようになった。そうしなければ「世のすゑ」（末法）の時代、「みだりがはしかるべきこと」（世の乱れ）が起こるからと述べているのである。

ここにあるように、統治という行為さえ私的動機で行う人々の存在を前提に、国家の四分五裂を防ごうとすれば、第一の方法は、あらゆる官職を家職化し、身分的に固定するという方法であった。統治に携わるのに私的動機を優先させる人々に、個人の「才」や「徳」に基づいて官位・官職を配分すれば、必ずそれらをめぐる激しい争いが起こり、結果として国家を下剋上の嵐の中に巻き込んでしまう。それを防ぐためには、官位・官職を世襲化（身分化）させ、それらを人々の競争対象から除外してしまうことが大切だったからである。官僚制から官司請負制への移行を図ることであった（佐藤進一一二〇二〇）。

そしてその移行は頂点から始まった。まずは皇位が応神天皇以来父子相続で世々伝えられてきた血統（正統）に限られ、次いで摂政・関白の地位も藤原基経の直径の子孫に限られていった。

その経緯を北畠親房は次のように説明している。

光孝天皇より以前を上古、宇多天皇以降を現代とすれば、上古においてさえ、皇位は応神天皇以来父子相続で世々伝えられてきた血統（正統）から、基本的に外れてはならないとの原則があった。だから兄弟相続などで皇位が正統から傍系に移ることもしばしばあったが、そうしたときには必ず傍系なればこその「悪王」が出現し、結局皇位は正統に戻るということが繰り返されてきた。仁徳天皇以来傍系に移っていた皇統が、暴君武烈天皇の出現によって突然絶えると、密かに正統の血を伝えていた応神天皇五世の孫男大迹王（継体天皇）が、これまた突然現れ、「正統」を復活させたのはその顕著な例であった。

「古すら猶かゝる理にて天位を嗣」いできたのである。「ましてすゑの世にはまさしき（正統の）御ゆづりならでは、たもたせ給まじきこと」は必然となった。天皇は、同じ皇族ではあっても、応神天皇以来の父子相続で継がれてきた「正統」の血筋からしか出なくなっていった。「みだりがはしかるべきこと」を避けるためであった。

となると摂関家も同じであった。光孝天皇の時代、ということは陽成天皇を廃位に追い込み光孝天皇を皇位につけた藤原基経の時代以降、「藤氏の摂籙の家（藤原摂関家）も他流にうつらず、昭宣公（藤原基経）の苗裔のみぞたゞしくつたへられ」るようになったのである（『神皇正統記』一一三〜一一四頁）。

そしてその傾向が上級官人層全体に広がり、官司請負制が成立した。官職の家職化が進行したのである。この説明が的を射ているかどうかは別として、確かに平安時代の中期以降、国家の頂点に立つ人々の登用において、「才」「徳」よりも「譜第」が重んぜられるようになっていったのである。どこまでも国家の四分五裂を防ぐためであった。

ただし「譜第」を重視して「才」や「徳」を軽視すれば、国家の分裂・崩壊につながるほどの「みだりがはしかるべきこと」の発生は防げたかもしれないが、家職として官職に携わる人々の、驚くほどの実務能力の低下がおきたのも、また事実であった。後醍醐天皇が、北畠親房の子顕家に陸奥守（陸奥国の国司）としての奥州への赴任を求めたとき、顕家は次のような理由で、それを断っている。

代々和漢の稽古をわざとして、朝端につかへ政務にまじはる道をのみこそまなびはべれ。吏途の方にもならはず、武勇の芸にもたづさはらぬ（『神皇正統記』一七一頁）

顕家にとっては、和漢の古典に馴染んで政治を論ずることこそが統治に携わることであって、「吏途の方」（行政実務）や「武勇の芸」（軍務）に疎いことはむしろ誇りであった。それは、同時代に「諸国の守護人」の職務を「上古の吏務」（『建武式目』一四九〜一五〇頁）と言い切った足利尊氏の職務観とは、天と地ほどの開きのある職務観であった。「譜第」の重視、「才」や「徳」の軽視は、かかる職務観の持ち主を大量に生んだのである。それが公家であった。

だとすれば公家は、国家の四分五裂を防ぐ役割は果たせても、それだけでは統治の職務を全うすることはできなかった。「吏途の方」や「武勇の芸」に長けた人々の適切な補佐を必要とした。保元の乱のとき、王者の戦とは如何にあるべきかということにこだわって、源為朝らの進言する夜討ち案を退けた藤原頼長（崇徳上皇側の将帥）が、逆に戦争は武士の芸能と割り切り、源義朝らの進言する夜討ち案を丸のみした藤原信西（後白河天皇側の将帥）に完敗したことをみれば、それがわかる。有能な武士たちの補佐を受けることなく、戦争はできなかったのである。

しかし問題は、その「吏途の方」や「武勇の芸」に長けた人々による補佐を、補佐にとどめることの難しさであった。通常「吏途の方」や「武勇の芸」に長けた者たちの力は、「和漢の稽古をわざと」する者たちの力を、上回るからであった。保元の乱では、藤原信西にその芸能を使われる立場にあった源義朝や平清盛が、三年後の平治の乱のときには、既に自らが国家権力の頂点を争う存在になっていたことをみればわかる。平氏政権の誕生はその帰結であった。

といって「吏途の方」や「武勇の芸」に携わる者たちを、公家にとって代わらせるわけにはいかなかった。いうまでもなく「吏途の方」や「武勇の芸」に携わる者たちもまた、統治に携わるのに私的動機を以て行う人々であったからであった。恩賞がなければ働かない人々であった。彼らを公家に代えて国家統治の頂点に立たせれば、何のために営々と「みだりがはしかるべきこと」を避けるべく「譜第」優先の原則をたて、官司請負制を築き上げてきたのか、意味がわからなくなってしまうからであった。

「吏途の方」や「武勇の芸」に携わる者たちを武家と総称するならば、公家と武家の適度の棲み分けが必要となった。ではその棲み分けを可能にしたのは誰か。それが源頼朝であり、彼の征夷大将軍就任であった。

五、将軍制、もしくは公武二重権力の誕生

では将軍制とは何か。それは、源頼朝が、一一九二年、次のような儀礼を踏まえて征夷大将軍に就任したことによって生み出された体制であった。

七月二六日、頼朝を征夷大将軍に任ずる除書（辞令）が勅使肥後介中原景良及び同康定によって鎌倉にもたらされた。それを鶴岡八幡宮において、頼朝の使者三浦義澄が受け取り、比企能員、和田三郎ら軍装の従者一〇名を率いて頼朝の待つ幕府にもたらし、あらかじめ束帯姿で「出御」していた頼朝に、ひざまずきながら手渡した（『吾妻鏡』前編四六六頁）。これがその儀礼の全容であったが、『徳川実記』が次のように述べている如く、徳川家康が征夷大将軍に就任するときにも、手本にした儀礼であった。ということは将軍制という体制そのものの誕生を意味づける儀礼であった。

幕府に勅使を遣はされて宣下せらるゝ事は鎌倉右大将家にもとひす。其時は鶴岡八幡宮に勅使を迎へ。三浦次郎義澄。比企左衛門尉能員。和田三郎宗実。郎従十人甲冑よろひて参りその宣旨をうけとり。幕下西廊にて拝受せられしこそ此儀の権輿とはすべけれ。（『徳川実紀』七三～七四頁）

ではこの儀礼の要点は何か。次の三点であった。

第一は、頼朝が「除書」を受け取った場所が、京都の朝廷ではなくて、鎌倉の幕府（陣営）であったとい

う点であった。それは、将軍が、京都から出撃して、最後は京都に戻る存在ではなく、鎌倉という戦場に居続ける存在であることを示していた。「除書」を受け取る方が京都に出向くのではなく、「除書」の方が戦場にもたらされたのである。

第二は、頼朝が「除書」は受け取っても、「節刀」は受け取っていない点であった。征夷戦争に勝ち、凱旋すれば、やがて天皇に返さなくてはならない「節刀」を、頼朝は最初から受け取っていなかったのである。それは、頼朝が、征夷大将軍という臨時の官に就任しておきながら、それを近い将来辞することを、全く考えていなかったことを意味していた。

第三は、頼朝が勅使から直接「除書」を受け取っていない点であった。軍装の臣下を介して、その受け取りはなされた。それは、将軍が天皇の勅使にへりくだるという姿を極力避けた結果であり、三浦義澄率いる郎党が軍装であったことは、鎌倉が戦場であることを示していた。

要は、頼朝が、自らは半永久的に鎌倉という戦場に居続ける――京都には凱旋しない――ことを前提に、一切へりくだることなく、天皇から征夷大将軍の地位を受け取ったというのがこの儀式の要諦であった。

なお付け加えておくと、『吾妻鏡』からその将軍就任の様子がわかる、頼朝以外の鎌倉幕府の五人の将軍（源頼家・源実朝・藤原頼経・藤原頼嗣・宗尊親王）の場合も、いずれも就任に際して、頼朝同様、除書は受け取っても節刀は受け取っていない。またその除書は、京都ではなく、鎌倉で受け取っている。将軍に就任すべく、京都から鎌倉に下向した宗尊親王にしても、鎌倉到着とほぼ同時の一二五二年四月一日に将軍宣下を受けている。頼朝の征夷大将軍就任儀式の規範性がうかがえる。

ではなぜ頼朝は、このような形式を踏んで征夷大将軍の地位に就いたのだろうか。戦時下の征夷大将軍には、一一九〇年に源頼朝が奥州藤原氏の討伐に乗り出したとき、頼朝の御家人たちが、京都からの討伐命令がなかなか届かないことに業を煮やして、「軍中将軍の令を聞き、天子の詔を聞かず」（『吾妻鏡』前編三三三〜三三四頁）と述べたように、「軍中」においては「天子の詔」に代わる「将軍の令」を発する権限が与えられていた。それを「閫外之権」といった。「閫」とはしきい、即ち国境のことである。ならば、戦時の方を常態化させることができれば、その「閫外之権」を用いて、頼朝は自らを天皇とならぶ第二の王にすることができたのである。だから以上のような儀礼を用意して、彼は征夷大将軍に就任したのである。鎌倉という蝦夷地に隣接する東国の都（軍都）で除書を受け取ったのも、その受け取りに際して軍装の家臣を介し、しかも一切のへりくだりを避けたのも、そのための演出であった。

なお付け加えておくと、この、征夷大将軍の有する「閫外之権」を用いて自らを天皇と並ぶ第二の王にしようとしたのは、決して頼朝が最初ではなかった。二〇〇年以上も前に、藤原元方という人物が同じことを試みたとされている。承平天慶の乱が起こり、平将門が「兵威を振ひて天下を取る」と公言し、自ら「平国」の「新皇」になろうとしたとき（『将門記』二一二〜二一三頁）、それを阻止すべく征夷大将軍への就任を要請された藤原元方は、ときの摂政藤原忠平に、忠平の息子一人を自らの副官につけることを要求した。征夷大将軍として戦地に赴けば、自分は天皇同等の存在になることを想定し、自らにも摂政が必要だと考えたからであった。流石に忠平は驚き、元方への要請を取り止め、藤原忠文を以てそれに換えたが、頼朝の発想が一朝一夕に生まれたものでなかったことは確かであった（福田一九九六）。頼朝の軍勢よりも早く京都に侵攻し、平家を駆逐した木曾義仲が、後白河上皇を脅迫してまでも、征夷大将軍の地位につこうとしたのも、その歴史の積み重ねがあったればこそだったのかもしれない。

要は、征夷大将軍という令外の官の特色を活かして、天皇と全く対等な第二の王をつくり出すことが、将軍制創出の目的であった。ではなぜそのようなことを行う必要があったのか。公家政権と武家政権を原理的に切り離した上で、その棲み分けを図るためであった。「吏途の方」や「武勇の芸」に携わる者たちが、「才」や「徳」を競い、私利私欲をどれほど逞しくしても、それが直接公家政権に及び、さらには国家全体の破壊につながることを防ぐためであった。

六、乱世の権力、室町幕府

しかし、鎌倉幕府が誕生し、公家政権と武家政権の原理的な切り離しが一応完成すると、自らの行動の結果としての国家の四分五裂を必ずしも恐れなくてもよくなった「吏途の方」や「武勇の芸」に携わる者たち、すなわち武家は、誰憚ることなく恩賞目当ての行動を加速した。土地や官職の獲得が彼らの目的となった。

それでも鎌倉幕府が、関東の一角だけを支配する東国政権（網野一九九八年）であったうちはよかった。平氏を滅ぼしたときも、承久の乱に勝利をおさめたときも、そこには新たな支配領域と権益が発生し、それを恩賞として分配することによって、御家人たちの幕府への忠誠心を繋ぎ止めておくことができた。

しかし、一二七四年（文永の役）と一二八一年（弘安の役）の二度にわたるモンゴルの襲来（元寇）は、事態を一変させた。戦争には勝っても、一片の土地も、何らの権益も獲得できなかったからである。当然参戦した武士たちは、御家人であれ、非御家人であれ、勝てば恩賞にあずかれるものと思いこんで参戦していた。だから竹崎季長のように自らの活躍をわざわざ絵巻物（蒙古襲来絵詞）に描かせた者もいた。しかし恩賞はなかったのである。

ならば武士たちの恩賞欲求は、お互い同士の奪い合いへと発展していくしかなかった。小さな争いが積み重なり、やがてそれは内乱に発展した。そしてその中で、武士の恩賞要求に応えられなかった鎌倉幕府は滅び、それを滅ぼした後醍醐政権（建武新政）も、同じ理由で滅びた。

そしてあろうことか、後醍醐政権を滅ぼして誕生した足利幕府は、国家が内乱状態にあることを容認したのである。権力としては通常あり得ないことをしたのである。

足利尊氏は、室町幕府の施政方針として示した建武式目の冒頭において、「鎌倉元のごとく柳営たるべきか、他所たるべきや」、「なかんづく鎌倉郡は、文治に右幕下（源頼朝）はじめて武館を構へ、承久に義時朝臣天下を併呑す。武家に於ては、もっとも吉士と謂ふべきか」と問い、「居所の興廃は、政道の善悪によるべし。これ人凶は宅凶にあらざるの謂なり。ただし、諸人もし遷移せんと欲せば、衆人の情にしたがふべきか」（『建武式目』一四六頁）と自答した。「衆人の情」を察して、幕府を京都におくこととしたのである。

しかし考えてみるとこれは異常な決定であった。そもそも幕府（柳営）とは、征夷大将軍の陣営のことである。それが、征夷戦争の戦場に隣接する軍都鎌倉にあればこそ、源頼朝をはじめ、歴代将軍には「閫外之権」が与えられ、第二の王として振る舞うことが許されてきたのである。ということは、それを京都にもってくるというのは、あり得ない選択だったということになる。なぜならば、京都は誰が考えても国境の内側（「閫内」）、そこに征夷大将軍がいても「閫外之権」は発生しないからである。しかし足利尊氏は「衆人の情にしたがふ」という、極めて曖昧な理由だけで、いとも簡単に幕府を京都に「遷移」させることを決断した。ではそれはなぜだったのか。「閫外之権」を背景に第二の王として振る舞うことを諦めたからなのか。そんなことはなかっただろう。考えられる理由は一つしかなかった。京都にいても「閫外之権」は振るえると考えたからであった。ということは京都がやがて内乱の焦点になることを予想したからであった。象徴的にいう、百年後に起きる応仁の乱を見事予見したからであった。

足利幕府が、内乱状態を前提に、その容認の上に成立した権力であったというのは、このことを指す。事実室町幕府の統治下にあって、この国は内乱に明け暮れた。観応の擾乱、南北朝の内乱、嘉吉の乱、応仁の乱、戦国の内乱と、途切れることなくそれは続いた。そしてその間隙を縫うかのように土一揆なども頻発した。「吏途の方」や「武勇の芸」に携わる者たちまでもが、恩賞がなければ働かないといった具合に、私的動機でしか統治に携わらなくなった結果は、この室町幕府の成立だったのである。

そして、その室町幕府の成立は、裏を返せば、徹底した世襲化・身分化によって政治的能動性を完全に喪失した公家政権だけが、かろうじて国家の統一を保つ状態の成立でもあった。室町幕府が、盛んに公家政権との融合を模索した理由もそこにあった（佐藤進一二〇〇五）。

七、「一身の安堵」と「四夷の静謐」――日蓮の天才

しかし、政治的能動性を喪失した公家政権だけがカスガイとなって統一が保たれている国家というのは危うい。慈円が一人一人の「王臣ノ器量果報」が衰えれば、その衰えた「王臣ノ器量果報」を「ヒシトツクリアハスル」ことによって、「道理ヲツクリカヘヘシテ。世ノ中ハスグル」といったように、その衰えた「器量果報」の持ち主、即ち、統治に携わるのに、私的動機で以て行う人たちの存在を前提にした、もう少し敷

衍していえば、人の私利私欲を前提にした、新たな公の創造が求められた。

そこで思想的に大きな役割をはたしたのが日蓮であった。彼は一二六〇年に、前（五代）執権であり時の最高権力者であった北条時頼に対して『立正安国論』を献策するが、その末尾を、次のように結んでいる。

汝、当座には信ずと雖も、後定めて永く忘れん。若し先づ国土を安んじて、現当を祈らんと欲せば、速かに情慮を廻らし、急いで対治を加へよ。所以は何ん。薬師経の七難の内、五難忽ちに起り二難猶残せり。所以「他国侵逼の難、自界叛逆の難」なり。（中略）若し残る所の難、悪法の科に依つて並び起り、競ひ来らば、其の時何んか為んや。帝王は国家を基として天下を治め、人民は田園を領して世上を保つ。而るに他方の賊来つて其の国を侵逼し、自界叛逆して其の地を掠領せば、豈驚かざらんや。豈騒がざらんや。国を失ひ家を滅せば、何れの所にか世を遁れん。汝須らく、一身の安堵を思はば、先づ四夷の静謐を祈るべきものか。（『立正安国論』三一五～三一六頁）

種々の仏典が説く災難の中で、未だ日本が経験したことのない災難が一つある。他国から侵略を受け、国家が消滅するという災難である。当然日本にも、その災難が襲ってくる可能性はある。故に誰であれ「一身の安堵」を願うのであれば、まずは他国から侵略を受けないよう、「四夷の静謐」こそ祈らなくてはならない。しかし「田園を領して世上を保つ」ことに日々汲々としている「人民」にそんなことを求めても無駄である。事が起こるまでは気づかないし、事が起きれば、ただ騒ぎたて、右往左往するだけだからである。ならば「国家を基として天下を治め」る「帝王」こそその災難に備える主体でなくてはならない。汝（時頼）が備よと、こう述べたのである。

日蓮は単に、モンゴルの襲来を予測したのではない。一人一人の人間が私利私欲にかまけて「一身の安堵」

を図ることができるのも、国家あってのことだといい、「四夷の静謐」を保つことの価値を、人が「一身の安堵」を図ることの価値の上位においたのである。大事なことは、人が「一身の安堵」にかまけること自体を否定したわけではない。それができるのも国家あってのことだとした点であった。その点では「公」を「反私」ととらえる法家の思想などとは全く趣を異にしていた。国家を人々の私益の基礎にある、それがあって初めて人々の私益も成り立つ、共益団体として捉え直したのである。

しかも、その上で「一身の安堵」にかまける人々には、その共益団体としての国家の価値は分からないとした。「帝王は国家を基として天下を治め、人民は田園を領して世上を保つ」、即ち「帝王」にしかそれは理解できないとしたのである。ひたすら「一身の安堵」を求める人には、共益団体としての国家はアプリオリ（前提的）であり、アプリオリなものの存在は、通常人の意識にのぼらない。だからその共益団体としての国家を代表し「四夷の静謐」を保つ主体は、「一身の安堵」にかまける一般の人々の「道理詮」や合意からは生まれない。そうなるべく運命づけられた「帝王」の自覚からしか生まれない。それを人々の合意から解放し、カリスマ的指導者の自覚に委ねたのである。

ちなみにここでいう「一身の安堵」にかまける人々の範囲には、「田園を領して世上を保つ」人々のみならず、統治に携わるのに私的動機を以て行う人々も含まれていた。だから日蓮は、「帝王」執権時頼に直訴したのである。

これは画期的であった。共益とは一人一人の私益の集合でありながら、それを形成するのに一人一人の私益を寄せ集める必要がなく、しかもそれは一人一人の利益を超越し、強く規制しうる、より大きな利益として定立されるからであった。江戸時代の後半であれば「広益」とか「国益」とかといった語で語られる利益観念であった。今日私たちの使う「国益」概念の元なる観念だ。

かかる観念が生み出されると、「四夷の静謐」の実現を理由に、一定の地域内に住む人々の「一身の安堵」を一定程度抑制し、域内平和を実現することができた。多くの一揆や惣的結合が、この観念の上に成立した。一四八五年に起きた山城国一揆が典型的にそうであったように、多くの一揆の目的は、域内平和の実現のための外部勢力の排除であった。まさに「四夷の静謐」の実現であった。

しかもこの観念に立脚すると、その一揆の意思を、本来は「一身の安堵」にかまけて「四夷の静謐」などには無関心な人々の契約――神仏を前に起請文をたて、一味神水することで生み出される意思――に委ねなくても、それを代表する運命を背負った「帝王」、即ちカリスマ的指導者の自覚に委ねることができた。多くの一揆から戦国大名が生み出され、やがて彼らの中から織田信長や豊臣秀吉や徳川家康といった「天下人」が次々と生み出されていった所以であった。

だからその言説の誕生は画期的であった。

そして事実日蓮の影響は、強くその後の歴史を規定した。応仁の乱を経験し、「一身の安堵」のためには「四夷の静謐」が如何に大切かを身をもって知った京都の町衆たちは、日蓮の教えに導かれ、一五三〇年代、天文法華一揆と呼ばれる強固な一揆を形成し、約五年にわたって京都を支配した。

また織田信長、豊臣秀吉、徳川家康の三人は悉く、日蓮宗と深いつながりを持った。信長が京都において常宿にし、そこで討たれた本能寺は日蓮宗の総本山の一つであったし、同じく秀吉が常宿にし、その地を譲り受けて妙顕寺城（二条城）を築いた妙顕寺も、日蓮宗の総本山であった。それどころか総本山中の総本山であった。日蓮から京都布教を託された日像が、後醍醐天皇の許しを得て、京都で最初に開いた日蓮宗寺院が妙顕寺だったのである。また京都を支配するにあたって家康が頼りにし、鷹峯一帯を所領として与えた本阿弥光悦も、日蓮宗の熱烈な信徒であった。

　そして彼ら「天下人」のもとで開かれた宗論の一方の当事者は常に日蓮宗であった。

自治都市の誕生

　都市自治論といえばすぐにマックス・ヴェーバーの名前が思い浮かぶが、ヴェーバーが面白いのは、彼は都市民（商工業者や労働者）の本性を、決して進んで自治など求めないところにあるとしていたことである。

　都市を取り巻く権力が弱体化し、自治でも行わなければ、地域の秩序が保てなくなったときに、都市民はやむをえず自治を選択する。だから自治は常に一部の人々に代行され、大多数の人は自治の実務から疎外される。最初は、財産があるが故に時間的余裕のある名望家たちによってそれは代行され、全住民自治であるはずが、名望家自治へと変貌する。しかし名望家たちも実は自治など担いたくはない。となるとやがて自治は、実務に長けた上層、下層の専門家たちによって担われるようになり、彼らを率いるカリスマ（もしくはデマゴーグ）が自治の主役に躍り出る。そして自治は消滅していく。

概ねヴェーバーは都市自治の生涯をこのように描いた。何ともペシミスティックな描き方であるが、的は射ている。

日本においても京都や堺の町に自治が生まれたのは、応仁の乱などで領主権力が極端に弱体化したことと関連している。応仁の乱が勃発し、日々足軽や野伏の略奪・暴行を恐れなくてはならなくなったことが、京都において、町の自治が発達し始めたきっかけであった。だから町の自治は、町人による自己防衛に原点があるから、一本の道を挟む両側の家が協力し合う両側町を基礎に、それを積み上げていく形で発達した。複数の町が集まって町組が形成され、町組が集まって惣町が形成される。惣町というのは「上京」と「下京」のことである。

ただ「上京」と「下京」は形成されても「京都市」は形成されなかった。都市全域に関わることは、とりあえずは上京と下京の協議で処理され、それに留まった。堺とて同じであった。「北組」と「南組」は形成されても「堺市」は形成されなかった。ではそれはなぜか。一つは、実は自治の負担から逃れたいと思っている町人たちを基礎に自治をつくり上げていくのには、そのあたりが限界だったからであった。しかしもう一つ理由があった。それは、「京都市」や「堺市」のレベルの高度な自治を町人自身がつくらなくても、彼らに代わってそのレベルの統治を担ってくれる人たちが、周りに現れ始めたからであった。応仁の乱のときとは逆に、都市を取り巻く領主権力の力が、日増しに増大しつつあったからであった。いうまでもなくその力の主とは、戦国大名たちであり、織田信長・豊臣秀吉・徳川家康といった「天下人」であった。決して進んで自治など求めない都市民の本性が現れる形となった。

一五六八年に足利義昭を奉じて上洛した織田信長は、上洛すると同時に、堺の「会合衆」に矢銭（軍資金）二万貫を課すが、一度は抵抗の意を示した会合衆たちも、すぐにそれを受け入れた。京都の町人とて同じであった。一度は信長に抗い上京を焼き討ちされるという悲惨な目にも遭ったが、その後は、信長やその後継者たちと、極めて良好な関係を築いた。彼らもまた、信長や秀吉や家康の都市支配への介入を必要としていたからであった。

そしてその介入があって初めて、町人自身にはつくれなかった「京都市」や「堺市」（後には「大坂市」）が誕生した。上京と下京の間を東西に貫く二条通の西の端に、信長・秀吉・家康のいずれもが、京都支配の拠点として「二条城」を築いたのは、そのことを可視化することであった。

しかしやがて町人自身が、「京都市」や「大坂市」や「江戸市」のレベルの自治に関与せざるをえなくなっていった。一八世紀末、再び領主権力の弱体化による都市の無秩序化が進んだからであった。もう一度いうが、自治はそのようなときに発達する。いうまでもなく。きっかけは天明の大飢饉であった。浅間山の大噴火（一七八三年）に伴う飢饉と米価高騰が人々を襲い、激しい打ちこわしが、江戸をはじめ、各地の都市でみられることになったからであった。長年、米価の低迷、諸色（米価以外の諸物価）の高騰に悩み続けてきた領主権力に、米価高騰に対応する術はなかった。加えて長年の世襲制の弊害で、治安機関としての領主権力の弱体ぶりもはなはだしかった。

飢饉と打ちこわしに対処するためには、常日頃からの備荒儲蓄（びこうちょちく）が必要であったが、それは都市民全体でまかなわなくてはならない性質のものであった。江戸では、各町の町入用の七割を日頃から積み立て、それを一括して管理し、いざというときに備える、江戸七分積金の制度が生まれたし、大坂や京都でも同様の制度としての義倉がつくられた。そしてそうなると、自分達の拠出した資金が、都市全体の利益のために使われることになるので、当然その運用に、町人たちの代表も参画しなくてはならなくなる。代表なくして課税なしとの原理が働き始める。それが上京や下京の住民にすぎなかった都市民を、京都市民や大坂市民や江戸市民にひきあげるきっかけになったのである。町人から市民への飛躍が起きた。都市全体を単位とした自治がようやく成立したのである。例えば江戸七分積金は、明治維新以降、東京府や東京市の財政的基礎となった。

さてこうしてみてくると、都市自治の形成には、数百年の歳月を要した。当然その遅速の原因は、一にかかって、決して進んで自治など求めようとしない都市民のエートスにあった。

ならば真に都市自治を発展させようと思うと、欲しないことも、必要とあらばあえて行う心的態度の涵養が不可欠となった。江戸時代の半ば以降、石田梅岩の心学をはじめ、町人哲学が百花繚乱した理由がそこにあった。

【参考文献】

・秋山国三・中村研『京都「町」の研究』(法政大学出版局、一九七五年)。

・小路田泰直『日本近代都市史研究序説』(柏書房、一九九一年)。

・辻ミチ子『町組と小学校』(角川書店、一九七七年)。

第四章

近代の萌芽

象徴的には日蓮出現以降、この国は、人が「一身の安堵」のために生きること、即ち私利私欲に生きることを完全に肯定しながら、「四夷の静謐」が保てなければそれもできなくなるという理由で、一人一人の「一身の安堵」を超えた共益の存在を想定し、その守り手としてのカリスマ的指導者（日蓮の言葉を借りれば「帝王」）の役割に多くを期待する国となった。

そしてそうなることによって、公務に携わるのに人が私的動機を以て行うが故に、ともすれば四分五裂に陥りがちであったこの国の統一を回復し、内乱状態に終止符を打った。「四夷の静謐」の「四夷」が郡や国規模の社会の外にあるうちは、むしろ郡対郡、国対国の内乱を激化させた。戦国末期の内乱の激しさがそのことを物語っていた。

しかしやがて織田信長や豊臣秀吉や徳川家康が、その内乱に勝ち抜き、「四夷」の居場所を国境の外に押しやると、真に統一が回復し、人がひたすら「一身の安堵」を追求してもなお平和が崩れることのない社会が実現した。そして最後は、二百数十年に及ぶ「徳川の平和」に結実した。

一、「天下惣無事」の実現とその矛盾

しかしこの種の国や社会は、一方で大きな矛盾も抱えていた。

一つは「四夷」の居場所を、どんどんと遠ざけ続けなくてはならない宿命を負ったことであった。小田原の戦いで「天下惣無事」を実現した豊臣秀吉は、やがて唐入りを計画し、朝鮮に侵略の軍を送らざるをえなくなっていった。さらには、キリシタンを弾圧し、ポルトガルやスペインともことを構えなくてはならなくなっていった。そして時にそれが、むしろ「四夷の静謐」を破壊することにつながった。文禄・慶長の役に

おける秀吉の敗北と、その後の内乱（関ヶ原の戦い・大坂冬の陣・大坂夏の陣）の再発は、その矛盾の深刻さを示していた。しかも信長・秀吉・家康の実現した平和の賜物の大きさは、国内経済を発展させ、他方、南蛮貿易や朱印船貿易の拡大を通じて、日本と世界の距離をますます小さなものにしていたから、その深刻さは尋常なものではなかった。徳川幕府が、秀吉の傷付けた日朝関係を修復するのに数十年の歳月を要したことは、その深刻さの証であった。

そして今一つは、平和をもたらすのはいいが、それがカリスマ出現の機会を失わしめることであった。マックス・ヴェーバーはカリスマを次のように定義しているが、かかる「超自然的または超人間的または少なくとも特殊非日常的な・誰でもがもちうるとはいえないような力」の持ち主を生むのは「戦場」であった。

「カリスマ」とは、非日常的なものとみなされた……ある人物の資質をいう。この資質の故に、彼は、超自然的または超人間的または少なくとも特殊非日常的な・誰でもがもちうるとはいえないような力や性質を恵まれていると評価され、あるいは神から遣わされたものとして、あるいは模範的として、またそれ故に「指導者」として評価されることになる。（マックス・ヴェーバー一九七〇、七〇頁）

その「戦場」がなくなるのである。「四夷の静謐」を実現することで、人の私利私欲を超えた共益社会を一身に体現するカリスマ的指導者が、再生産されなくなってしまうのである。ならばそのカリスマ的指導者の地位は、真正カリスマの末裔が継ぐしかなかった。世襲カリスマに委ねるしかなかったが、世襲カリスマが通常「代々大禄・高官ナル故、生ナガラノ上人ニテ、何ノ難儀ヲモセネバ、才智ノ可生様ナ」く、「位高ク下ト隔リタレバ、下ノ情ニ疎ク、家来ニ誉ソヤサレテ育タル故、智恵モナ」（荻生徂徠『政談』三六八頁）し、と評される存在であることを考えると、それは根本的な矛盾だった。秀吉が秀頼に、家康が秀忠にその地位を譲ることに並々ならぬ苦労をしたのも、その矛盾の深さ故であった。世襲は当たり前ではなかったのである。

ではこの第二の矛盾を乗り越えるためには、どうしたらよかったのか。そこで一つ興味深い言い伝えがある。それは、安土城のある近江国愛知川流域に今も語り継がれる、信長と聖徳太子にまつわる物語であり、『聖徳太子と信長の馬かけ』の著者平居一郎が自らの祖母から聞いたこととして書きとめた、次のような物語である。

ゑちがわ村から百済寺へいく太子みちを、わがままな織田信長ちゅうお殿さんと聖徳太子さんが馬かけ競争をしやはってな。

お殿さんは太子さんの空を飛ぶお馬を借りやはったのやけんど、ほれでもお殿さんは太子さんに負けはったんや。

そいたらな、ほの腹いせに太子さんがたてはった百済寺を、ぜんぶ燃やいせしまはって、お寺にいやはったお坊さんや女の人や子どもや年寄りまで、ぜーんぶ殺さはってな。

ほんな無茶をしゃはったお殿さんを、家来の明智光秀ちゅう人が怒らはってな、京の本能寺で天罰をあてはったんやて。（平居二〇一五、九頁）

信長は聖徳太子に憧れ、太子が創建した百済寺を「織田家一生の菩提寺」（平居二〇一五）にしようとしたり、太子がそれに乗って富士山の上を飛んだ名馬甲斐の黒駒を手に入れようとしたりする。しかしやがて競争心が湧き起こり、百済寺の赤門までの「馬かけ」を太子に申し入れ、あっさり負けてしまう。すると今度は逆上し、審判の役割を命じておいた明智光秀に乱暴を働き、それを太子にたしなめられると逆ギレし、百済寺を全山を焼いてしまう。当然報いはあり、信長は光秀の復讐にあって、殺されてしまう。かかる物語である。これに類する物語が実は愛知川流域には沢山残っている。

ではなぜこのような物語が生まれ、語り継がれたのか。信長が神になろうとしたからであった。しかも共益団体としての国家の守り手に相応しく、現世利益的な神にである。しかし神になるためには、既に聖として君臨するもう一人の「神」、聖徳太子を押しのけなくてはならなかった。そして事実、彼は近江の戦国大名六角承禎との戦いの中で、六角側についた聖徳太子ゆかりの百済寺を焼き討ちした（一五七三年）。比叡山焼き討ちに匹敵する凄惨を極める焼き討ちであった。だからかかる物語が生まれ、語り継がれたのである。

第二の矛盾を越える一つの方法は、真正カリスマの聖に似せた神格化を図ることであった。秀吉は豊国大明神となり、家康は東照大権現になった。その神格化された真正カリスマの権威で世襲カリスマを支えるという方法であった。

そしてもう一つは、真正カリスマの言動を言葉や象徴に残し、「祖法」として通用させるという方法であった。多くの戦国家法（分国法）や近世大名の家訓が、かくて生まれた。大坂夏の陣（一六一五年）に勝利し「元和偃武」（平和の到来）を宣言した徳川家康も、自らの権威が続いているうちに、二代将軍秀忠の名において、武家諸法度及び禁中並公家諸法度を制定し、「祖法」の作成に一歩を踏み出した。

近代世界システムと鎖国

近代世界において、常に西欧が世界をリードしてきたと考えるか、そうでもなかったと考えるかは、結構私たちの歴史認識を問う重要な問題だ。ウォーラーステインは前者の立場をとり、川勝平太は後者の立場をとる。

ウォーラーステインの考えによれば、通常経済的に覇権を握った国家は、政治的にも覇権を握りたがり、帝国化の道を歩む。そしてやがて、帝国を維持していく負担に耐えきれなくなって、自滅する。その結果覇権国家の交代が起きる。古代ローマもそうであったし、日の沈まない帝国、スペイン帝国もそうであった。

しかし、近代西欧においては、少し趣の違うことが起きた。オランダやイギリスは、経済的覇権は握っても、あえて帝国化しようとはしなかった。国民国家レベルの国家にとどまった。すると帝国維持のための巨大な負担に押しつぶされることがなくなり、しかも経済的には資本主義という新しい生産様式を生み出すことに成功したので、自滅するどころか、却って巨大な膨張力を発揮するようになり、やがて世界をその傘下におさめていった。そして、経済的には資本主義を、政治的には国民国家を意味する近代的世界システムが、一八・一九世紀になると、文字通りの世界システムとなって、地球全体を覆うことになった。ウォーラーステインはこう考えた。

それに対して川勝は、経済分析のキーワードを「商品」から「物産」に変え、物産の動きに注目するとき、一五世紀から一七世紀にかけての起きた、アジア物産の西欧や日本への洪水的輸出こそが、近代的世界システム形成の、第一歩だとした。その物産とは、具体的にいうと香料であり、木綿であり、生糸であり、陶磁器であり、茶であり、基本的には工業製品であった。それだけ、その段階のアジアと西欧や日本との間には文化的開きがあったとし、その文化的開きこそが、近代世界形成の最初の原動力になったとしたのである。

そして川勝によれば、それは西欧と日本に耐え難い経済的混乱をもたらした。何れの社会も輸出する物産を殆どもたなかったので、金や銀、要は貨幣そのものを輸出するしかなかったからである。そこで何れの社会も、輸入に制限を加えようとしたが、一旦舶来品を使う生活に慣れた人々は、おいそれとはそれを受け入れてくれなかった。結局輸入代替産業を起こすしかなくなった。

そしてその結果、西欧は環大西洋経済圏を背景に産業革命に成功し、日本は、鎖国を行って、ほぼ全ての輸入品の自給化に成功した。故に今度はその両社会が、世界システムの中心に躍り出たのである。

川勝はこう考えた。

何れの考えに組みすべきかは、私の中でも未だ決着はついていないが、川勝の考えが日本史の理解を、相当に進めてくれたのは、事実である。なぜ、戦国時代の末から近世の初頭にかけて、今は世界遺産に指定されている石見銀山が世界有数の銀山になったかが理解できるし、勘合貿易、南蛮貿易、御朱印船貿易と発展してきた日本の対外貿易が、一六三〇年代、なぜ突然鎖国政策によって中断されるのかも理解できる。それらを理解する上で必要な、俯瞰的な視野を与えてくれた。

さてそこで一つだけ眺めておきたいものがある。それは正倉院御物と並ぶ日本の宝物、東山御物である。室町八代将軍、足利義政が収集した、舶来の絵画・茶器等のコレクションである。まさに東山文化を象徴するコレクションである。織田信長や豊臣秀吉や徳川家康も、その一部を所有することで、自らの威信を高めようとした。

ただここで興味深いのは、その全てが宋や元の時代に中国でつくられ、輸入された、舶来品でありながら、あたかも日本文化の源流のように言われていることである。普通なら違和感を抱く。かつてはその殆どが舶来品だと思われてきた正倉院御物でさえ、国産品が多数混じっていることが、最近は明らかになってきているが、それとは全く逆で、完全に舶来品に埋め尽くされた宝物が東山御物なのである。

しかしそれも上記の川勝の考え方に立てば、簡単に違和感が解消する。かつて舶来品であったものが、輸入代替産業の勃興に伴い、国産品に置き換えられていく過程こそが、大きく言えば鎖国下で進んだこの国の近代化であり、近代日本文化の形成過程だったからである。したがって優れた近代日本文化の源流は、室町時代まで遡れば、百パーセント舶来文化であって何ら差し支えないのである。

そしてそのことの深い自覚の上に打ち立てられた日本文化論こそが、岡倉天心のアジア主義的日本文化論だったのである。


【参考文献】
・イマニュエル・ウォーラーステイン『近代世界システムI―農業資本主義と「ヨーロッパ世界経済」の成立』(岩波現代選書、一九八一年)。
・川勝平太『日本文明と近代西洋―「鎖国」再考』(NHKブックス、一九九一年)。

二、伊勢神道の広がりと法の再編

日蓮が生まれた鎌倉時代、もう一つ後世に多大の影響を残した思想が生まれた。度会家行ら、伊勢神宮外宮の神官度会家の人々がつくり上げた伊勢神道である。では伊勢神道とは如何なる神道なのか。

そこで問うておきたいのは、伊勢神宮に内宮と外宮があり、合わせて「二所大神宮」と呼ばれてきたことは、周知の事実であるが、その呼ばれ方をおかしいとは思わないだろうか。考えてみるとおかしい。外宮に内宮に匹敵する格式を認めているからこそ生まれた呼び方だが、そもそも外宮に祀られている豊受大神は、内宮に祀られている天照大神に衣食住の奉仕をする御食津神として、丹後与謝から呼び寄せられた神である。奉仕をする神が奉仕される神と同格であるというのは、誰がどう考えてもおかしい。

そこでそのおかしさを解消しようとしたのが、伊勢神道であった。ではどう解消したのか。豊受大神を造化三神の一柱、天御中主神と同体の神とみなすことによって解消した。確かに天御中主神と同体の神であれば、天御中主神よりははるかに格下の天照大神と同等、もしくはそれ以上ということになってもおかしくはない。当然そんなことは『古事記』にも『日本書紀』にも書かれてはいないが、度会家の人々は、多くの神道書を著し、強引にその解釈を創り上げていったのである（高橋美由紀二〇一〇）。

ではなぜそこまでして豊受大神の格式を天照大神並、もしくはその上位に引き上げる必要があったのか。天照大神が象徴する現実世界の存在は天皇、それに対して、天照大神に奉仕する豊受大神が象徴する存在は国民ということになる。国民の祖先を天皇の祖先と同格、もしくはその上位におくためであった。この国を、天皇の統治する国である前に、国民共同体として認識するためであった。私たちは今、天皇の地位を国民統合の象徴という概念で捉えているが、天皇の権威は国民の合意に由来させる、その考え方の源を形作るためであった。

事実国民は伊勢神道をそのようなものと受け止めた。だから江戸時代爆発的に広がった伊勢詣――とりわけお蔭参り――の行き先は、内宮ではなく外宮だったのである。伊勢に詣でる多くの人が杓を持っていたが、それは北斗七星、しいては北極星（天御中主神）を象徴していたのだろう。

ということは国家の共益共同体への見直しが始まった同じ時、国家の国民共同体への見直しも始まっていたのである。共益共同体と国民共同体は同義であった。勝俣鎮夫が戦国期の「分国」に国民国家の早熟的成立を見たのも、決して的外れなことではなかった（勝俣一九九四）。

ならば逆に、伊勢神道の広がりが圧倒的多数の国民の心をとらえた――五百万人とも六百万人ともいわれる人が同時に伊勢神宮外宮に詣でるようになった――時、聖としての聖徳太子の権威を頂点に成り立ってきた、古代以来の王土王民思想は崩れ去ってしまう。律令法の権威も、それとの棲み分けを保つことで成り立ってきた武家法（貞永式目）の権威も、崩壊する。そしてそれらに代わる、国民共同体の法に相応しい、新たな法の整備が、求められるのである。しかも共益団体としての国家を一身に体現していたカリスマ的指導者たちの意思も、やがては法として表現されるようになったことは、先に述べた。

では如何にすればその国民共同体に相応しい法の整備はできるのか。当然それは、国民共同体に相応しい法となれば、輿論の結晶ということになるが、その場合重要なことは、伊勢詣が大流行した江戸時代ともなると、人が悟れない、私利私欲に満ちた存在であることの自覚が、相当に進んだということである。

仏教に代わって儒教が支配的イデオロギーになったのも、それ故であった。儒教は、仏教の極端な禁欲主義を非人間的として退けるところに成り立つ思想であった。剃髪を止め、仏門を脱して、江戸時代儒教の祖となった藤原惺窩は、弟子の林羅山に次のように述べていた。人欲を否定し、ひたすら「寂滅」を求める仏教は「人倫」に反する、まさに異端の教えだと。

我、久しく釈氏に従事す。しかれども心に疑ひあり。聖賢の書を読みて、信じて疑はず。道、果してここにあり、あに人倫の外ならんや。釈氏は既に仁種を絶ち、また義理を滅ぼす。これ異端なる所以なり。（『羅山先生文集』一九一頁）

そして人欲を肯定した上で、なお道教の如き「虚無」（野放図）に陥らず、「節度」を保つ教えとして儒教を高く評価したのである。

仏教に代わって、かかる考え方の儒教が支配的となった時代、人の私利私欲に対する肯定は、もはや自明のことになっていたといっていいだろう。

人の悟りの不能をいい、肉食妻帯を容認した、仏教らしからぬ仏教、浄土真宗（一向宗）が、戦国末期の織田信長による徹底した弾圧（石山本願寺の戦い）にもかかわらず、江戸期になるとたちまち蘇り、巨大な教団へと発展したのも、そのことの証であった。

ではそのような時代にあって、如何にして立法は可能だったのだろうか。結局慈円が、

智恵アラン人ノワガ智解ニテシルベキ也。但モシヤト心ノ及ビ詞ノユカンホドヲバ申ヒラクベシ。

と述べたような心構えをもって、「道理詮」を積み重ねるしかなかったが、その「道理詮」が生み出す輿論は、常に人の私利私欲や無理解に左右され、必ずしも正しいとは限らない。下手をすればとんでもない悪法が生

み出されてしまうかもしれない。

そこで思い出されるのはルソーの次の指摘である。

事実、もし先にあるべき約束ができていなかったとすれば、選挙が全員一致でないかぎり、少数者は多数者の選択に従わなければならぬなどという義務は、一体どこにあるのだろう？　主人をほしいとおもう百人の人が、主人などほしいとおもわない十人の人に代って票決する権利は、いったいどこから出てくるのだ？　多数決の法則は、それ自身、約束によってうちたてられたものであり、また少なくとも一度だけは、全員一致があったことを前提とするものである。（ルソー一九五四、二八頁）

少数者が多数者に従わなくてはならないという義務はどこにもない。当然「多数決の法則」は絶対ではない。多数が過つことは、いくらでもありうる。だから「多数決の法則」が成り立つのは、予め、少数は多数に従うべしということが、「全員一致」の「約束」として決められているときだけであると、こう述べている。大事なことは、ルソーが輿論を、多数・少数に分かれる輿論と、全員一致の輿論に分け、全員一致の輿論――これが彼のいう「一般意志」である――に基づいてつくられた「約束」（ルール）に沿って行われた多数・少数の争いの結果だけが、法として受け入れられるとしていることである。

このルソーの指摘にヒントを得て、私たちの言葉に戻ると、輿論にも、通常の「道理詮」の結果としての輿論と、その「道理詮」にルールを与える特別な輿論の、二通りの輿論がある。そしてその特別な輿論を発見し、法（ルール）にまで高めることができれば、通常の「道理詮」の結果にどれほど過誤があろうと、最後は、絶対ではないが、概ね正しい輿論を得ることができる。と、こうなる。この特別な輿論を発見すれば立法は可能になるのである。

ではその特権的な輿論になりうる輿論とは。二つある。

一つは、通常あらゆる「道理詮」は、限られた人数、限られた代表によって行われる。ならば、その「道理詮」を行う代表が代表する全員、国家の場合には国民全員が集い生み出す輿論があれば、それはその特別な輿論になる。ここでもルソーの考え方をひいておくと、ギリシャ・ローマの時代にはあったとされる「人民の集会」（国民全員の集会のこと）が生み出す輿論がそれである（ルソー一九五四）。

確かにルソーがいうように、「人民の集会」は一見空想に見える。しかし江戸時代の日本では、それは空想ではなかった。六〇年に一度起きた「お蔭参り」がそれである。伊勢神宮は二〇年に一度遷宮を行うが、その三度目に一度、数百万人にも及ぶ人々が、一斉に伊勢神宮外宮を目指し殺到するという出来事が起きた。既に述べたように、内宮の祭神天照大神が天皇を象徴する神であったとすれば、外宮の豊受大神は、その天皇に奉仕する国民を象徴する神であった。しかも伊勢神道によれば、天御中主神と同体であるが故に豊受大神の方が、天照大神よりも上位の神であった。その伊勢神道に導かれて、人口三千万人の時代に、六〇年に一度、五百万人とも六百万人ともいわれる人々が伊勢神宮外宮に集ったのである。自分たちの象徴であり、また、この国の統治者（天皇）より上位の存在にしてくれる神の下に集まったのである。確かに国民全員ではなかったが、一家に一人の勘定である。ルソーのいう「人民の集会」といっても差し支えない規模と質をもった集会であった。したがって、ルソーのいう「人民の集会」の生み出す輿論を以て特別な輿論とすることは、この国においては常に可能性として存在し続けたのである（藤谷一九六八）。

そして今一つは、今この瞬間の輿論ではなく、歴史の中で積み重ねられ、代々の人々から支持を得続け、今日まで存続してきた輿論であった。「古の輿論」とでもいうべき輿論であった。千年前の輿論が、今なお輿論の支持を得て有効であるとすれば、その輿論は、通常の輿論に千年という時間を乗じて得られた特別な輿論ということになるからであった。

なお付け加えておくと、国民共同体の内実が、人が「一身の安堵」のために生きることが、カリスマ的指導者による「四夷の静謐」の保全によって知らず知らずの内に保たれている社会だとすると、国際社会の中で「四夷の静謐」を保つことからくる要請も、それ自体は輿論ではないが、その特別な輿論同様、法の根源ということになる。例えばキリシタン禁令や鎖国令のような法がそれであった。

三、荻生徂徠と本居宣長

ではこの国において、その「古の輿論」の発見に取り組んだのは誰だったのか。それが一八世紀の碩学、荻生徂徠（儒者）と本居宣長（国学者）であった。

徂徠の方からみていこう。彼はまず次のように述べ、中国古代の聖人を、聖人という語から連想される超越的な存在から、多少は優れていても、「聖人の道」の全てに通じていたわけでもない、その一部の制作に携わっただけの、普通の人にまで引き下ろした。

> 伏羲・神農・黄帝もまた聖人なり。その作為する所は、なほかつ利用厚生の道に止る。顓頊・帝嚳を歴て、堯・舜に至り、しかるのち礼楽始めて立つ。夏・殷・周よりしてのち燦然として始めて備る。これ数千年を更、数聖人の心力知巧を更て成る者にして、また一聖人一生の力の能く弁ずる所の者に非ず。故に孔子といへどもまた学んでしかるのち知る。（『弁道』一四頁）

では何のために。「聖人の道」を、釈迦やキリストのような人間を超えた存在がつくり、人々に授けた「道」ではなく、普通の人が、成功と失敗を重ねながら、何千年もの歳月をかけてつくり上げた、先に述べた「古の輿論」に読み直すためであった。そして、だからこそそれは、「その大なるがため」に「知り難く、また言ひ難き」（『弁道』一〇頁）「道」だというためであった。孔子のような天才でさえ、その「道」に従うことなしには何も知り得ない、偉大な「道」だと。

しかもその「道」が『六経』（詩・書・礼・楽・易・春秋）に書き記され、現代にまで伝えられていることを彼は重視した。その「道」を、まさに現代においてなお有効な「古の輿論」＝特別な輿論の地位に押し上げるためであった。

荻生徂徠は、「聖人の道」の中に「古の輿論」を発見し、そのために聖人を普通の人に貶めたのである。というよりも既に評価の定まった「聖人の道」を「古の輿論」に読み替えるとによって、「古の輿論」なるものの権威をつくり上げたのである。

またたから彼は、古典を読み解くということは、そこに記された「古の輿論」を正確に読み取るということになるから、儒者としての自らの課題を、『六経』の正確な復元に限定した。妙に解釈を加えたり、漢文に返点を付して日本語的に読むことを戒めた。ありのままに読むべしとしたのである。彼の学派が古文辞学派と呼ばれた所以であった。

そして逆に、子思（孔子の孫で中庸の作者とされる）や孟子（子思の流れを汲む儒者）以降の「後世の儒者」たちが、『六経』にただ依るのではなく、「おのおの見る所を道」として語った『論語』や『大学』や『中庸』や『孟子』（四書）に対しては、所詮は「みな一端」と、極めて冷ややかな態度をとった（『弁道』一〇～一一頁）のである。増していわんや後世も後世、宋代に朱子（朱熹）の打ち立てた朱子学などに対しては、取り上げる価値もなしと切り捨てたのである。

次いで宣長だが、彼も、実は、徂徠が聖人を優れてはいるが普通の人に読み替えたのと同じことを行った。

神世とは、人代と別て云称なり、其はいと上代の人は、凡て皆神なりし故に然言り、さて何時までの人は神にて、何時より以来の人は神ならずと云、きはやかなる差はなき故に、万葉の歌どもなどにも、たゞ古を広く神代と云り、然れども事を分て云ときは、鵜葺草葺不合命（うがやふきあえずのみこと）までを神代とし、白檮原（神武）朝より以来を人代とす、（『古事記伝』一之巻一五三頁）

かく述べ、神を単に昔の人としたのである。したがって、人に貴賤、強弱、善悪があるように、神にも「貴きもあり賤きもあり、強きもあり弱きもあり、善きもあり悪きもあり」（『古事記伝』一之巻一二五頁）とした。では何のために。徂徠と同じであった。「古の道」なるものを、その貴賤、強弱、善悪のある神々、即ち古代人が、長い時間をかけて、様々な経験を積み重ねながらつくり上げてきた「古の輿論」に読み替えるためであった。そしてその読替えを行うことによって、逆に「古の道」を、「いともへ妙に奇しく、霊しき（あやしき）」「天地のことわり」（『古事記伝』一之巻『直毘霊』五二頁）として、絶対化するためであった。そのために「神」を単なる「昔の人」の地位まで貶めたのである。

そして徂徠が『六経』の読み継がれをもって、その「古の輿論」の現代における有効性を証したように、宣長も『古事記』の中断なき読み継がれを以て、それを証した。

ただそれを行うにあたって宣長は、徂徠ならば背負わなくてもよかった課題を背負うことになった。『六経』が古代中国の姿をありのまま写しとった書であることは一応自明であるとしても、『古事記』が古代日本の姿をありのままに写しとった書であることは、必ずしも自明ではなかったからである。というのも、『古事記』は『六経』と違い、もともと文字を持たなかった日本人が、漢字を受け入れて、文字を持つようになってから後に、人が神であった時代よりは遥か後世になってから（早くても六世紀に）、口承伝承をもとに書かれた書物であったからである。それが、本当に人が神であった時代のことを正確に伝えているかどうかは、はなはだ疑問だったからであった。

そこで宣長には、『古事記』が『六経』類似の、古代日本の姿をありのままに写しとった書物であることの証明という、徂徠にはなかった課題が課せられたのである。彼が、生涯を『古事記』研究に捧げ、その注釈書『古事記伝』四四巻の執筆に取り組まなくてはならなかった理由であった。

そして彼は、次の如く、『古事記』が「もはら漢に似るを旨として、其文章をかざれる」――ひたすら中国風に書くことに意を用いた――『日本書紀』とは異なり、「たゞ古の語言を失はぬを主と」し、「いさゝかもさかしらを加へずて、古より云伝たるまゝに記された」書物であることを実証してみせたのである。

> 抑意と事と言とは、みな相称(カナ)へる物にして、上代は、意も事も言も上代、後代は、意も事も言も後代、漢国は、意も事も言も漢国なるを、書紀は、後代の意をもて、上代の事を記し、漢国の言を以、皇国の意を記されたる故に、あひかなはざること多かるを、此記は、いさゝかもさかしらを加へずて、古より云伝たるまゝに記されたれば、その意も事も言も相称て、皆上代の実なり、是もはら古の語言を主としたるが故ぞかし、（『古事記伝』一之巻『直毘霊』六頁）

そしてそれが彼を国学の大成者の地位に押し上げたのである。

かくて、一八世紀に現れた二人の天才、荻生徂徠と本居宣長の思想的営為を経て、この国は、通常の輿論とは異なる「古の輿論」の実在を確認し、それを特別な世論として法の源とする術を獲得したのである。そのために、徂徠は『六経』を、教長は『古事記』を、「古の輿論」を今日に伝えるテキストとして聖典化した。

そして現実の政治過程の中では、法の祖法化、「古の輿論」化がはかられたのである。八代将軍徳川吉宗は、従来将軍の代替わりごとに出されていた武家諸法度を、五代将軍綱吉の出した天和の武家諸法度（天和令）に固定した。天和令の祖法化を図ったのである。そしてそれは彼が荻生徂徠に深く傾倒していたことと無関係ではなかった。

四、水戸学と万世一系天皇

ただ「古の輿論」の存在を指摘し、それを特別な輿論として認識することはできても、それはそのままでは法にできなかった。

明治天皇は、日本国憲法では「前文」にあたる「告文」において、「皇祖皇宗ノ遺訓ヲ明徴ニシ」「皇祖皇宗ノ後裔ニ貽シタマヘル統治ノ洪範ヲ紹述スル」（伊藤一九四〇、一九一頁）ために、大日本帝国憲法を制定したと述べた。彼にとって大日本帝国憲法は「皇祖皇宗ノ遺訓」だったのである。いうまでもなく大日本帝国憲法は、伊藤博文らの一〇年にわたる憲法調査を踏まえてつくられた、プロシア流の憲法であった。ということは「皇祖皇宗ノ遺訓」をあえてプロシア流の憲法に読み替える（翻訳する）明治天皇の存在なしには大日本帝国憲法は生まれなかったことになる。かかる「古の輿論」を必要な現代法に読み替えることのできる人格を、狭い意味での「立法者」と呼ぶとすれば、その「立法者」——立法者一般とは区別するために以下では鉤括弧をつける――なしには、「古の輿論」が存在するだけでは、法は生まれなかった。逆に、その「立法者」なしに「古の輿論」の絶対化だけが進めば「古の道によるとして、上の政も下々の行ひも、強て上古のごとくに、これを立直さんとする」（『玉くしげ』三三二頁）時代錯誤的輩の跳梁跋扈を生んでしまうとは、宣長の懸念であった。

では如何にすれば、その「立法者」を得ることができるのか。そこで重要だったのが、水戸藩二代藩主徳川光圀の始めた大日本史編纂事業の中から、一八世紀末に、藤田幽谷や会沢安（正志斎）らを担い手として生まれた水戸学の考え方であった。万世一系天皇の絶対化をはかる考え方であったが、それは同時に、万世一系天皇の続いた原因を次のように捉える考え方であった。

それは決して代々の天皇が特に強力な力の持ち主や、優れた徳の持ち主であったから続いたのではない。むしろ逆である。「天子垂拱して、政を聴かざること久し。久しければすなはち変じ難きなり」（『正名論』一三頁）、即ち、長く不執政であり、強い力や、優れた徳を以て讃えられる通常の君主とは真逆の存在だったから続いたのである。ということは「八洲の広き、兆民の衆き、絶倫の力、高世の智ありといへども」（『正名論』一二頁）、即ち、とってかわろうと思えばとってかわれた者は幾らでもいたのに、誰一人それをしようとする者が現れなかったから、万世一系天皇は続いたのである。幽谷はかく捉えた。

さらに会沢安は次のように捉えた。

帝王の恃んで以て四海を保ちて、久しく安く長く治まり、天下動揺せざるところのものは、万民を畏服し、一世を把持するの謂にあらずして、億兆心を一にして、皆その上に親しみて離るるに忍びざるの実こそ、誠に恃むべきなり。（『新論』五二頁）

「億兆心を一にして、皆その上に親しみて離るるに忍びざるの実」が、実は国民の側に備わっていたから、万世一系天皇は続いたのであると。

要は、天皇が万世一系血統をつなぐことができたのは、時々の国民が、途切れることなく天皇への親しみを失わず、天皇が皇位にあり続けることを支持してきたからであったと捉えたのである。そしてそれを可能にしたのは、長きにわたる不執政の伝統であるとしたのである。

ということは、この水戸学にしたがえば、万世一系天皇の存在そのものが、古代に生まれ、現代に続く「古の輿論」の存在の証ということになる。故に「古の輿論」を体現し、それを現代法に翻訳しうる「立法者」を探そうとすれば、万世一系天皇の存在こそ最適の存在ということになるのである。

かくて水戸学の登場は、立法に必要な特別な世論を「古の輿論」に求めようとする人たちの期待を万世一系天皇一人に集中させるきっかけとなった。尊王運動の高まりを生んだのである。

五、平田篤胤と祭政一致

ただし「古の輿論」を現代に必要な法に転化させる「立法者」を生み出す方法は、その水戸学的方法だけではなかった。もう一つあった。それは国学者平田篤胤の唱えた、次のような神話解釈に基づく方法であった。日本書紀の冒頭に「時に天地の中に一物生れり」（『日本書紀』神代上）とあるように、この世の始まりは「一物」であった。しかし万物生成の神、高御産巣日神が登場すると、その「一物」に運動エネルギーが加えられ、遠心力が作用することとなった。すると、重く濁ったものは遠くへ飛び去り、軽く清らかなものは中心に残り、その中間のものが、ちょうどその両者の間に漂うとことになった。それが「黄泉」と「天」と「地」の形成であった。

しかしことはそれで終わらなかった。運動エネルギーはさらに加わり、三世界間の距離は広がり続け、やがて三世界間、とりわけ「地」と「黄泉」との間の往来ができなくなった。大国主命が、自らの統治する「地」と、速須佐男命が支配する「黄泉」（根堅国）の間を往来したのが最後となった。そして大国主命でさえ往来できなくなったのであるから、人もまた、生きたままでは勿論のこと、死んで「霊」となっても「黄泉」には行けなくなった。この世に留まるしかなくなってしまったのである。それを彼は次のように述べた。

然在ば、亡霊の、黄泉国へ帰てふ古説は、かにかくに立がたくなむ。さもあらば、此国土の人の死て、その魂の行方は、何処ぞと云ふに、常磐にこの国土に居ること、古伝の趣と、今の現の事実とを考わたして、明に知らる（『霊の真柱』下巻一〇八頁）

そしてこの点に関しては、神も人も、善も悪きも、死ねば黄泉国に往くと考えた、師宣長の批判さえ厭わなかった。

これが平田篤胤の神話解釈であった。ではなぜ彼は、このような神話解釈をしたのだろうか。死者の居場所を「あの世」（黄泉国）から「この世」に移すためであった。この世における死者の居場所を、彼は「幽冥界」あるいは「冥界」と名付けたが、その「幽冥界」に死者の居場所を移すためであった。そして「幽冥界」とは、生者の側からは見えないが、死者の側からは生者がよく見える場所とした。

ではなぜそのようなことをする必要があったのか。いうまでもなく死者との対話を可能にするためであった。その場合、神社や墓が「幽冥界」の入り口となる。もし死者の居場所が「幽冥界」であるならば、そうした場所で死者を祀れば、死者との対話が可能になる。そして死者との対話が可能になれば、『六経』や『古事記』といった書かれたテキストに頼らなくても、直接死者たちから「古の輿論」の何たるかを聞き取ることも可能になる。ならばその祭祀を司る祭主（祭祀王）を以て「立法者」に見立てることができるもからであった。当然祭祀王は、聞き取った「古の輿論」を直接統治に活かそうとするから、それは祭政一致という政治形態と結びつく。

では平田篤胤は誰を、その祭祀王として想定したのか。当然古代以来の祭祀王、天皇であった。だからこの平田篤胤の考え方に導かれた人々も、とりあえずは水戸学に先導された尊王運動へと合流していったのである。

明治維新後、宮中には賢所・皇霊殿・神殿の宮中三殿がおかれ、天皇の日々の祈りを支えたが、そこで天皇が祀ったのは、自らの祖先天照大神（賢所）や歴代天皇（皇霊殿）だけではなかった。全ての国民の祖先、八百万の神（神殿）も同時に祀った。それはその祀りの正体が「古の輿論」の聞き取りであったことを示唆していた。

第五章

明治維新

一、尊王論の台頭

一八世紀前半、荻生徂徠は統治階級の実態を、先にも述べたように「代々大禄・高官ナル故、生ナガラノ上人ニテ、何ノ難儀ヲモセネバ、才智ノ可生様ナ」く、「位高ク下ト隔リタレバ、下ノ情ニ疎ク、家来ニ誉ソヤサレテ育タル故、智恵モナ」(『政談』三六八頁)いと、痛烈に批判していた。長い内乱の時代を終息に導き、「四夷の静謐」を保つことに成功したカリスマたちの支配が、血統によって受け継がれ、身分化し、伝統化した結果であった。

そしてその結果、江戸時代を通じて、同じ荻生徂徠の言葉を借りれば、「総ジテ天地ノ間ニ万物ノ生ズルコト各其限リ」があるから、ともすれば「上タル人ノ身ヲ高ブリテ下ヲ賤ム」ことと誤解されがちだが、「衣服・食物・家居ニ至ル迄、貴人ニハ良物ヲ用ヒサセ、賤人ニハ悪モノヲ用ヒサスル様ニ制度ヲ立ル」(『政談』三一三頁)ことが、統治の要諦となってきた。服制や、倹約令の濫発によって、消費に身分的制限を加え、鎖国を実施することで、過度に人々の欲望が刺激されることを防いできた。国家の行政能力に経済の方を合わさせてきたのである。

しかし、それは法治の実現を目指す人々にとっては、乗り越えなくてはならない現実であった。法治の根底には、人の私利私欲に対する容認があり、極端すぎるその抑圧は、「寂滅」を求める仏教のあり方を「人倫」に反する非人間的考え方として退けた儒教的観念からいっても、許容し難いことだったからであった。故に、法治の実現を求めて尊王論に傾斜した人々は、それと同時に、人欲に対する過度の抑圧に対しても批判の矛先を向けた。

例えば尊王論の急先鋒藤田幽谷は、次のように述べた。

「富国の本務は勧農に在て勧農の政先づ五弊を除くにある」。

「五弊」とは「一に侈情、二に兼併、三に力役、四に横斂、五に煩擾の弊」のことである。人々がおごり贅沢になっていくことの弊。人が贅沢になると身代を持ち崩し土地を失う農民が増えるので、一方で土地の兼併が進行することの弊。そして土地を手放す農民が増えると、年貢負担農民（本百姓）が減少するので、かろうじて没落を免れた農民に対する力役や年貢の負担が益々重くなっていくことの弊。そしてその結果人民と国家の信頼が損なわれ、滅多矢鱈と法令が乱発され、法令への信頼が失われていくことの弊、の「五弊」である。

ではその「五弊」を取り除くのにはどうしたらいいのか。根本的な原因から取り除こうとして、まず人の奢侈を禁ずることから始めたりしてはならない。論理的に考えすぎて、第一、第二、第三、第四、第五の順でそれを取り除こうなどとは、絶対にしてはならない。そんなことをすれば、たちまち人々の反発をまねき、改革そのものを台無しにしてしまう。そうではなく「仁政を施さんとならば、却て先づ第五の弊より手を下して、第四・第三・第二・第一の弊、倒しまに除く」（『勧農或問』一六七頁）のが正しいやり方である。まずは法令の乱発を止め、人民に重税を課することを止め、次いで土地の兼併をとりしまり、その上で奢侈の抑制を図らなくてはならない。なぜならば、「先づ仁徳を以て万民の歓心を得貧富共に心服せざれば」（『勧農或問』一三二頁）如何なる善政も功を奏することはないからである。

「万民の歓心」を買い、「貧富共に心服」させることをまずは統治の要諦と考え、事実上人欲に対する自由放任を説いたのである。

同じことは、多くの他の論者も述べていた。例えば、幕末、越前藩主松平慶永に仕えた横井小楠は『国是三論』の中で次のように述べていた。

太平が長く続き、人々の生活がどんどん贅沢になっていく中ではあっても「大節倹を行ふて衣食住を初不益を省き有用を足す事」など、決して命じてはならない。もしそのようなことを命じようものなら、それが客観的にいってどれほど正しく、ものの需給バランスを考えた、賢明な施策ではあっても、たちまち「奢侈已に気習となつて奢侈たる事を思は」なくなってしまった人々の反発を買い、何か「困難苛酷の新法」でも出したかのような混乱を社会にひきおこしてしまう。「士庶上下の人気険悪鄙野に落入て、四維を以て治めがたき」状況をつくり出してしまう。だから人に「大節倹」を求める政策など、絶対にとってはならないのである。もし社会の安定を願うのなら、むしろ「奢侈已に気習となつて」しまった人々の満足を買うことこそ第一にしなくてはならない。ではどうすればいいのか。故に進んで開国し、富国強兵を図るべきである（『国是三論』四四〇頁）。

ほぼ藤田幽谷と同じことを述べていた。西郷隆盛なども倹約令には否定的であった。

ではなぜ尊王論者たちはかくも人欲に寛大になりえたのだろうか。

そこで今一度想い起こしてほしいのは、なぜこの社会が、何事につけ世襲化される身分制社会になったかである。一つは、「国王ヨリハジメテ。アヤシノ民マデ」例外なく「世ノマツリゴトニモノゾマズ。スベテ一切ノ諸人ノ家ノ内マデヲ、ダシクアハレム方ノマツリゴト」にのみ専念する社会にあって、人材登用にあたって「譜第」よりも「才」や「徳」を重視すれば、必ず「みだりがはしかるべきこと」（世の乱れ）が起きるからであった。人の私利私欲を認めた上で、国家の統一を保ち続けることが、大変に困難だったからであった。

そして今一つは、それでも人が「一身の安堵」を願うのを当たり前のことと認めざるをえなくなったとき、それが可能になるのは「四夷の静謐」を保つカリスマの働きがあってのことということになったが、そのカリスマが時間の経過とともに世襲カリスマに転じてしまったのである。だから逆に人々の「一身の安堵」を求める欲求に制限を加えざるをえなかったのである。

しかし尊王論者たちが目指した法の支配は、この世襲化・身分化の循環を断ち切る力をもっていた（小関二〇一四年）。

それは輿論を、通常の輿論と、特別な輿論に分け、法を通常の法と根本法に分ける発想を持ったからであった。当然「立法者」天皇が定めるのはその根本法の方であって、通常の法ではなかった。後のことでいうと、万世一系天皇が「立法者」たる資格において一人で定めた憲法がその特別な輿論、根本法であり、その憲法によりながら、統治権の総覧者たる天皇が、議会の協賛を得て定めた数多の法が通常の輿論、通常の法であった。

ならば通常の輿論・法を定める過程で、如何に人々が「諸人ノ家ノ内マデヲ、ダシクアハレム方ノマツリゴト」にのみ専念し「道理詮」を歪めたとしても、特別の輿論、即ち根本法の作用により、それにしたがっている限り、結果的には単一の輿論、単一の法がえられることとなり、そのことによる国家の土崩瓦解だけは防げることになったからであった。

ルソー流にいえば、予め少数は多数に従うべしということが「立法者」によって「約束」（特別な輿論）として定められていれば、如何なる人の対立も、最後は単一の輿論、単一の法の形成に収斂していくからであった。

だから「立法者」を天皇に求め、法治を実現しようとした尊王論者たちは、一つの例外を除いて、かつて北畠親房が陥り、豊臣秀吉や徳川家康も陥った世襲化・身分化の罠から抜け出すことができたのである。いうまでもなくその例外とは、天皇の地位だけは、万世一系血のつながりで保たれなくてはならないとする点であった。

だから彼らは、「徳なる者は得なり。人おのおの道に得る所あるを謂ふなり。或いはこれを性に得、或いはこれを学に得。みな性を以て殊なり。性は人人殊なり。故に徳もまた人人殊なり」、故に「おのおのその性の近き所に随ひ、養ひて以てその徳を成す。徳立ちて材成り、然るのちこれを官にす」(『弁名』四八~四九頁)べしとした、荻生徂徠以来の人材登用論を実践に移すことができた。一人一人の個性的で専門的な能力に基づく、まさに能力主義的な人材登用が実現できたのである。彼らが自らをアイデンティファイするのに「草莽」という言葉を好んで用いた理由であった。それは格段に行政の能力を引き上げた。彼らが人欲に対して寛大になりえたもう一つの理由であった。

また能力主義的な人材登用が実現できたから、尊王論に囚われた藩では、率先して学校教育の普及がはかられた。水戸学発祥の地水戸藩では、尊王派大名徳川斉昭の指導の下、一八四一年に藩校弘道館が設立され、藩の内外に多大の影響を与えた。

二、尊王攘夷へ

人欲の解放を謳い、能力主義的人材登用を実現することで、尊王論は巨大な社会的エネルギーを引き出すことのできる変革の思想となった。そしてその尊王論は、ペリー来航以降、攘夷論と結びつき、その破壊的エネルギーを倍化させた。

そこで留意しておかなくてはならないのは、長く日本がとってきた鎖国政策は、先に触れた「総ジテ天地ノ間ニ万物ヲ生ズルコト各其限リ」あり、故に「依之衣服・食物・家居ニ至ル迄、貴人ニハ良物ヲ用ヒサセ、賤人ニハ悪モノヲ用ヒサスル様ニ制度ヲ立ル」ことこそ肝要との、身分制社会論と表裏の関係にある政策であったということである。鎖国と奢侈取り締まりは表裏一体の関係にあった。

だから人欲の解放をモットーとする尊王論者たちにとって、鎖国は本来清算すべき過去であり、開国はとるべき未来であった。先に掲げた横井小楠の奢侈容認論が、開国・富国強兵論で結ばれていたことをみても、それはわかる。あるいは、最も激しい攘夷論者であった徳川斉昭が、他方で高島秋帆を招き洋式軍備の導入に積極的であったり、こちらも過激な攘夷論者で知られた吉田松陰が、あろうことかペリー艦隊に紛れ込み、アメリカへの密航を企てたりした、攘夷論者たちの自己矛盾ともとれる行動から推し測っても、それはわかる。さしずめ洋学者佐久間象山の唱えた和魂洋才論などは、彼らにとって格好の隠れ蓑だったのだろう。

しかし多くの尊王論者たちは、ペリーが来航し、四隻の黒船によって無理矢理開国が迫られ、和戦何れをとるかが問われたとき、「戦」を選択したのである。そして激しい尊王攘夷運動に身を投じていったのである。

ではなぜ彼らは、攘夷論者になったのか。もし開国すれば、必然的に日本が組み入れられることになる近代世界システムが、主権国家の平等を前提にしたウェストファリア体制（万国公法体制）であることを知っていたか、もしくは感得していたからであった。

一七九二年に、エカテリーナ二世の親書を携えて、漂流民大黒屋光太夫他の送還を目的に根室に来航したラクスマンに対して、ときの老中松平定信は「礼と国法をもて事をわけさとさるべし」との原則をたて、「江戸へ出候事等不相成国法にて願度事は長崎へ来り、所之奉行之さたにまかすべし」(『宇下人言』一六五～一六六頁)と伝えさせた。それに対しラクスマンは争うこともなく従い、長崎にこそ向かわなかったが、根室を離れた。定信は、日本の領土・領海においては日本の国法が絶対であるとの立場に立ち、その上で「礼」に則りラクスマンに応接したのである。日本の支配層が長く慣れ親しんできた、国家間の関係を「華」と「夷」の支配・隷属関係と捉える華夷思想からは生まれてこない応接態度であった。この段階で日本の支配層は、既に主権国家の平等を建前にするウェストファリア体制の何たるかを知っていたか、もしくは感得していたのである。

確かに、第二次アヘン戦争(アロー号戦争)後、『万国公法』という題名で、中国在住の宣教師ウィリアム・マーチンによって漢訳された、ヘンリー・ホイートンの"*Elements of international Low*"が日本に伝えられたのは、一八六五年から六六年にかけてのことであった。それを定信が読んでいたということはありえない。しかし、その幕末に伝えられた『万国公法』が、アヘン戦争後に魏源が書き日本にも伝えられた『海国図志』同様、伝えられる否や、あっという間に日本の知識人層の間に広まったことを考えると、主権国家間の平等を基礎とするウェストファリア体制への理解が、それ以前から下地としてあったと考えるのが自然である。

だとすれば、開国がウェストファリア体制への参入を意味する以上、開国するのであれば日本もまた主権国家としての絶対性を保持しなくてはならないと考えるのは、これまた自然であった。では主権国家とは何か。憲法学者美濃部達吉の定義によれば、「最高又は独立」の統治権を有する国家のことであり、「自分以上に如何なる権力も存せず、自分の意思に反して他の如何なる意思に依つても支配せられない」（美濃部一九三四①、二七頁）国家のことであった。

ならば、日本には鎖国令と総称される「国法」のあること、即ち「重き御制禁」のあることを「心得ながら」、「浦賀へ乗入、和睦合図の白旗差出し、推て願書を奉り、剰内海え乗込、空砲打鳴し、我儘に測量迄致」すといった「驕傲無礼」な振る舞いをした「アメリカ夷」の要求に対し、「僅に数艘の戦艦」に怯えて受け入れるようなことがあれば、それこそ、日本が主権国家であることを自ら放棄することにつながる（「徳川斉昭十条五事建議書」九〜一一頁）。唯々諾々とペリーの要求を受け入れれば、却ってウェストファリア体制に独立国として参入する機会を失う。多くの尊王論者たちはそう考えたのだろう。だから彼らはペリー来航以後、たちまち攘夷論者へと早変わりした。彼らの目指す法治国家もまた、主権国家であったからであった。

そして彼らは熱狂した。一八六〇年三月、江戸城桜田門外において、日米修好通商条約締結の立役者大老井伊直弼を殺害して以来、テロに狂奔し、長州藩士によるイギリス公使館焼討ちや、薩摩藩士による、島津久光の行列を横切ったとの理由でのイギリス人殺害（生麦事件）など、直接外国人を標的としたテロ事件などもひき起した。そして最後は、一八六三年五月一〇日、幕府をして攘夷決行を決断させ、日本全体を攘夷戦争に引きずりこんだのである。さすがに幕府は、建前の域を越えて実際の戦争には入らなかったが、その日以降、長州藩は下関海峡通過中の外国船を砲撃、翌年の四カ国連合艦隊（イギリス・フランス・オランダ・アメリカ）による下関砲台占領を招いた（下関戦争）。また薩摩藩は、前年に起きた生麦事件に対するイギリス艦隊の報復にあい、薩英戦争に突入した。

そして長州藩も薩摩藩も負けた。では尊王攘夷派の人たちは、国家の存亡をかけて、さらなる一戦に臨もうとしたか。それはしなかった。下関戦争と薩英戦争をひき起こしたことで、彼らの目的は達せられたからであった。

そもそも攘夷派の急先鋒の如く思われた徳川斉昭からして、ペリーに対する応接姿勢は「腹をば決戦と覚悟」を決めた上で「表向は幾重にも穏便に申諭」すべしというものであった（「徳川斉昭十三箇条建議書」一九頁）。言葉ほどに過激ではなかった。先にも述べたように、尊王論者たちにとって鎖国は本来清算すべき過去であり、開国はとるべき未来であった。だから彼らにとって開国和親は、原理的に忌避すべきものではなかった。ただウエストファリア体制に参入するにあたって、主権国家としての「意地」も示さずに参入するわけにいかなかったのである。だから彼らは攘夷に走った。しかし考えてみると下関戦争と薩英戦争を戦い抜いたことで、その「意地」は示せたのである。

この二つの戦争をきっかけに誕生した薩長同盟を背景に生まれた明治国家が、アジアの国としては珍しく、条約改正（不平等条約の撤廃・主権の回復）を国是とする国家となり、さらには一八七〇年代以降、そうなったその日本の働きかけと呼応するかのように、国際社会の側が、東洋の「非耶蘇教国」に西欧の「耶蘇教国」同様の国際法上の権利を付与するためにどうしたらいいか——ウェストファリア体制の原理的修正——を、真剣に検討し始めたことなどが、その証であった（小路田一九九七）。負けたが、そうした成果を後世に残すことで、結果的に「意地」は示せたのである。

ならば攘夷は捨て、本来の尊王論に立ち戻ればよかった。横井小楠の『国是三論』よろしく、「人欲」の解放を大義名分に富国強兵をはかり、そのためにということで、開国和親の方向に舵を切ればよかったのである。

そして最大の攘夷藩であった薩摩藩や長州藩はそうした。例えば長州藩は、一八六三年五月一〇日以降、外患だけでなく、八月一八日の政変、禁門の変（蛤御門の戦い）、第一次長州征伐と続く内憂にも苦しめられ続けるが、その中で、「人欲」の解放を願う多くの国民の支持（長州贔屓）を得、他方、奇兵隊等諸隊の創設にみられる能力主義的人材登用を徹底させ、西欧列強（特にイギリス）との交易を積極的に開くことによって、強大な軍事力を整備していったのである。そして幕府の第二次長州征伐（四境戦争）を跳ね返し、倒幕に向けて歩を進めたのである。薩摩藩とて同じであった。薩長同盟以降、華々しく戦う長州藩の裏には、必ず薩摩藩の後援があった。

そしてその開国和親に舵を切った薩摩・長州両藩が、一八六七年一〇月一四日、一五代将軍徳川慶喜を大政奉還に追い詰め、同年一二月九日、王政復古を実現したのである。

三、もう一つの維新の原動力

鳥羽・伏見の戦いに勝利をおさめた薩長軍（新政府軍）は、三月には江戸に迫った。そこで江戸城総攻撃（実際は中止）の前日の三月一四日、新政府は、その国家ビジョンを「五箇条の誓文」という形で示した。天皇が皇祖皇宗に誓い、その許しを得るという形式をとることによって、実はここまで述べてきた「皇祖皇宗の遺訓」「古き輿論」を以て法とすることを宣言し、第一条で「広ク会議ヲ興シ万機公論ニ決スベシ」と述べることによって、その法の下での立憲政体の樹立――通常の輿論、通常の法による支配の実現――を約束した。明治維新の目的が法治の実現であり、「立法者」としての天皇権威の確立であったことを示す形となった。

「ええじゃないか」騒動に興じる人々
(国立国会図書館デジタルコレクション)

当然それを支えたのは、水戸学的尊王論に染まった、下級武士や豪農層であった。

ただここで重要なことは、明治維新を推し進め、その天皇権威の確立を支えた人々の中には、その水戸学的尊王論に染まった人々以外に、あと二通りの人々がいたということであった。

一つは、江戸時代には六〇年に一度のお蔭参りとして現れた、集会する民衆――ルソーいうところの「人民の集会」――であった。その存在は、幕末の最末期「ええじゃないか」の大乱舞や、激しい一揆・打ちこわしとなって現れ、戊辰戦争の帰趨に大きな影響を与えた。一八六六年、幕府が第二次長州征伐を始めると、兵糧米の調達による米価高騰に苦しむ民衆が、大坂を中心に激しい打ち壊しに立ち上がり、幕府軍の後方を脅かすことによって長州藩を勝利に導いた。また鳥羽伏見の戦いの後、戊辰戦争の戦場が東日本に移ると、今度は関東から東北にかけて、世直し一揆と呼ばれる激しい一揆が各地に起こり、それが幕府軍の敗退を加速させた。そしてときに薩長軍は、それらの動きを意図して利用した。東山道（中山道）を進軍するにあたって、相楽総三率いる赤報隊を先発させ、「年貢半減」というデマを触れて回らせて、各地の世直し一揆を味方に引き入れようとしたことなどは、その典型的な事例であった。

そして今一つは、平田篤胤の影響を強く受けた人々であった。彼らは万世一系天皇を以て「古の輿論」の体現者と考える人々ではなく、この世の一角の「幽冥界」にとどまる大国主命以来の全ての死者との直接対話（祭祀）を行うことによって、「古の輿論」を聞き取ろうと企てる人々であった。したがって祭祀王故に天皇を「立法者」の地位に押し上げようとする人々であった。神主が多く、島崎藤村の描いた『夜明け前』の主人公、青山半蔵のような、地域社会を支える有力者たちも多くいた。

そしてその影響は巨大であった。幕末から維新期にかけて吹き荒れた廃仏毀釈の嵐は、その影響で起きた。人は死んでもあの世に行かない、この世の一角「幽冥界」にとどまるとする彼らにとって、人は死後、浄土であれ地獄であれ、あの世に行くと考える仏教的世界観は許せなかったのだろう。ひたすら師に忠実たらんとした篤胤が、人は死後黄泉の国に行くといった一点に限り、師宣長を激しく非難していたことをみても、それはわかる。維新後しばらくの間、新政府において、矢野玄道・大国隆正・福羽美静といった平田派の国学者たちが重きをなしたのも、その影響の大きさを物語っていた。

では水戸学的尊王論に染まった下級武士や豪農層のみならず、以上述べた二通りの人々が、明治維新の遂行に大きな役割を果たしたことの結果は、何だったのか。天皇親政論の台頭であった。

そもそも水戸学的尊王論者は天皇親政など望んでいなかった。だからそれは徳川御三家の一家水戸徳川家に生まれえたのである。水戸学的尊王論は万世一系なればこそ天皇は「古の輿論」を体現し、立法者になる資格を有するとしたが、同時に天皇が万世一系を保てた原因を、「天子垂拱して、政を聴かざること久し。久しければ変じ難きなり」と、天皇の長年にわたる不執政に求めていたからである。大日本帝国憲法が、第一条で「大日本帝国ハ万世一系ノ天皇之ヲ統治ス」と天皇の主権者（「立法者」）としての地位を明確にしておきながら、第三条で「天皇ハ神聖ニシテ侵スヘカラス」と、天皇の政治的不答責、即ちその不執政を規定することを忘れなかったのは、そのためであった。

だからもし明治維新を推し進めた人々が、水戸学的尊王論者に限られていたとすれば、徳川慶喜が大政奉還をした時点で、明治維新は打ち止めにしてもよかったのかもしれなかった。その段階で天皇が唯一の「立法者」であることは確認されたし、その天皇の定める法の下での公議政体、即ち立憲政体の実現は、約束されていたからであった。坂本龍馬が起草した船中八策などは、まさにその時点での立憲政体論であった。

しかし実際の明治維新は「王政復古、国威挽回ノ御基立テサセラレ候間、自今、摂関・幕府等廃絶」と宣言し、一切の代理政治を排除する王政復古へと突き進んだ。そして天皇親政の実現を目指した。ではそれはなぜだったのか。水戸学的尊王論者たちにとっては天皇不執政を守ること、即ち何らかの形での代理政治を維持していくことが、天皇の万世一系を守り、天皇を立法者の地位に押し上げていく方法であったが、伊勢神道に導かれて「ええじゃないか」の坩堝に身を投じた民衆や、平田派国学の徒たちにとって、それはそうではなかったからであった。

伊勢神道は、国民を象徴する豊受大神を、天皇を象徴する天照大神の上位に位置付けることによって、天皇を真の主権者国民の代表・代理として正当化していく考え方であった。代理に代理は要らなかった。また平田国学は天皇を、「幽冥界」に住む、大国主命以来この国に生まれ死んでいった死者たちとの対話を通じて「古の輿論」を聞き取り、それを統治の規範にする祭政一致の主体として正当化する考え方であった。だから彼らは、戊辰戦争が終結に向かうと、神祇官の復活や、祭政一致の国是化を内容とする大教宣布の詔の発布（一八七〇年二月）を求めたのである。こちらも、祭政一致の中心にいるべき天皇に、代理は不似合いと考えた。

その、「ええじゃないか」の坩堝に身を投じた民衆や、平田派国学の徒たちの圧力に、実際に権力を握った水戸学的尊王論者たちが、容易には抗えなかったからであった。

そこで改めて想起しておきたいのは、同じ輿論ではあっても、法としての権威の付与される特別な輿論には、今この瞬間の輿論ではなく、歴史の中で積み重ねられ、代々の人々の支持を得て今日まで存続してきた輿論、即ち「古の輿論」と、社会を構成する全ての人、国民全員の集会が生み出す輿論、ルソーのいうところの「人民の集会」が生み出す輿論の二つがあったということである。ではどちらの輿論が優先されるのか。当然「人民の集会」が生み出す輿論の方であった。「古の輿論」のように、それを発見し、実際の法にするまでの、まわりくどい理屈が必要ないからである。

だからフランス革命においても、その帰趨を決めたのは、バスティーユ牢獄の襲撃に始まり、革命の全期間を通じて間欠泉的に噴き出した、その集会する民衆のエネルギーであった。ナポレオン・ボナパルトの帝政や、ナポレオン三世の専制（ボナパルティズム）のような予期せぬ独裁を生んだのも、啓蒙主義者たちの理性ではなく、例えば二月革命（一八四八年）として爆発したその民衆のエネルギーであった（カール・マルクス一九七一年）。

伊勢神道や平田派国学の言説には、その集会する民衆のエネルギーをひき出す力があった。「ええじゃないか」の乱舞や、廃仏毀釈の猛威はそれを証明していた。だから水戸学的尊王論者たちも、伊勢神道や平田派国学に取り憑かれた人たちの圧力には抗いえなかったのである。だから彼らも、天皇親政論を受け入れざるをえなかったのである。

しかしそれも、考えてみれば、統治のあらゆるフェーズから世襲制、身分制の弊害を取り除く代わりに、天皇の地位だけは、万世一系血のつながりで保たなくてはならないとした、尊王論の自家撞着のなせる技でもあった。

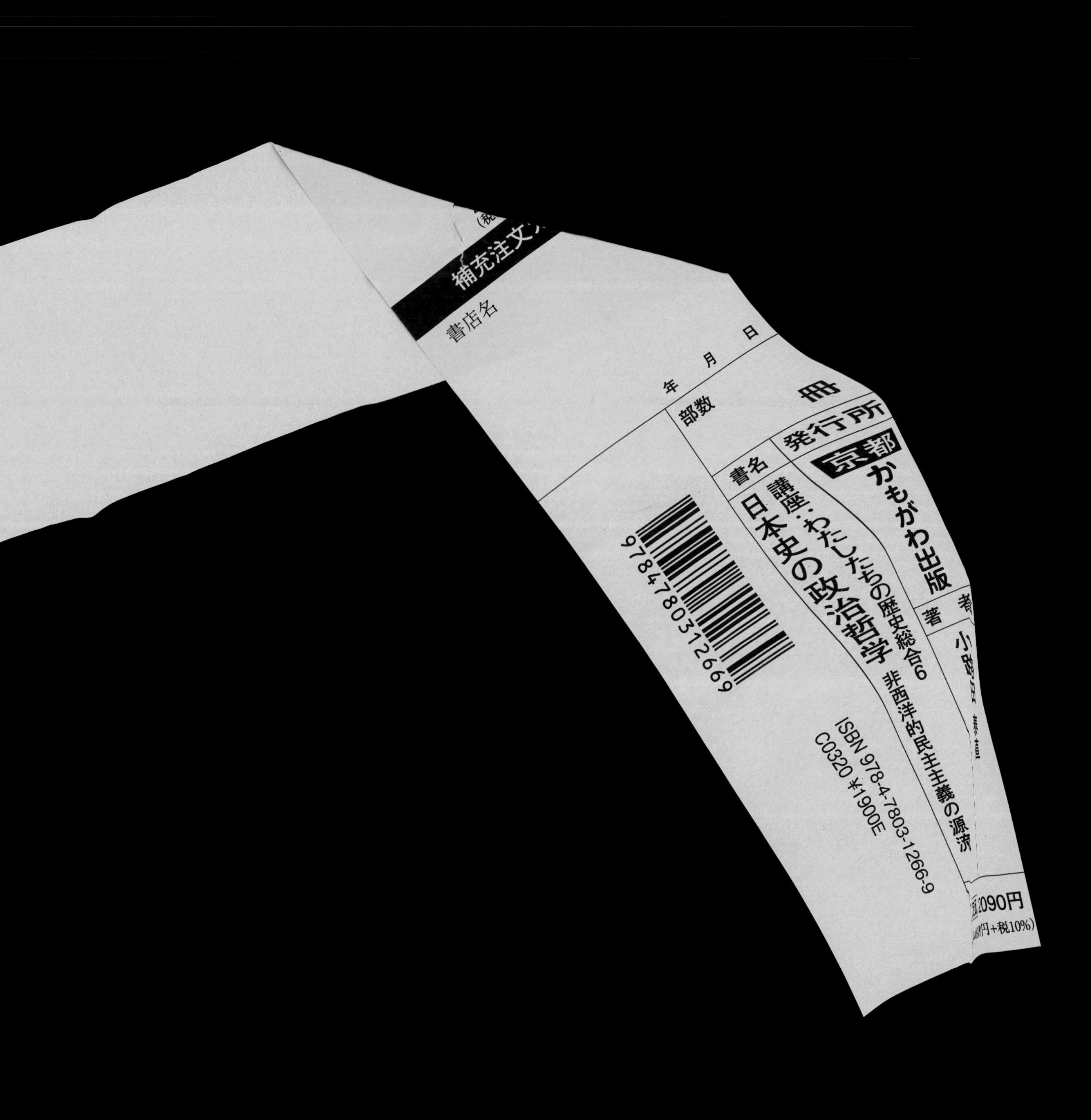
補充注文

書店名

年　月　日

部数　冊

発行所　京都　かもがわ出版

書名　講座：わたしたちの歴史総合6
日本史の政治哲学
非西洋的民主主義の源

著者　小

9784780312669

ISBN 978-4-7803-1266-9
C0320 ¥1900E

2090円
円+税10%)

売上カード
京都
かもがわ出版
講座：わたしたちの歴史総合6
日本史の政治哲学
非西洋的民主主義の源流
ISBN 978-4-7803-1266-9
C0320 ¥1900E

第六章

立憲国日本の誕生

一、天皇親政の呪縛

しかし一旦天皇親政が正統視されるようになると、それは統治に大きな混乱をひき起こした。理念の上だけでなく、実際に天皇親政を実現しようとする人たちが、次々と現れたからであった。

平田派国学の徒たちはいわずもがなであったが、西南戦争後になると、若き明治天皇を補佐し教導する役職として設置された侍補に任じられた人たちが現れた。元田永孚や佐々木高行といった人たちであった。彼らは、宮中と府中の別をなくし、天皇が直接内閣を指揮するという意味での天皇親政を実現すべく、運動を始めた。若き明治天皇もいっとき同調した。天皇親政運動である。こちらは、平田派国学の徒たちの運動とは異なり、明治政府を構成する多くの官僚たちと等質的な士族的人材の運動であったから、その分だけ伊藤博文ら明治政府の指導者たちを、長く苦しめることとなった。そしてようやく、一八八五年制定の内閣制に基づき初代内閣総理大臣となった伊藤博文が、翌一八八六年、明治天皇との間に「機務六条」と呼ばれる約束を交わし、宮中・府中の別を明瞭にしたときに、おさまった。侍補そのものは一八七九年に廃止されていたが、彼らの政治的影響は一〇年もの間続いたのである。

しかし歴史の皮肉はミイラ取りをミイラに変えた。天皇親政運動がようやくその影響力を失うと、今度は伊藤博文ら憲法調査にあたった人たち（井上毅・伊東巳代治・金子堅太郎）が天皇親政論に囚われた。天皇親政原理に立って大日本帝国憲法を制定してしまったのである。

「立法者」としての天皇の地位を明瞭にするためだけであれば、第一条（大日本帝国ハ万世一系ノ天皇之ヲ統治ス）があればこと足りた。しかし、にもかかわらず次の第四条を設け、天皇に実際の統治の責任まで押し付けてしまったのである。

第四条　天皇ハ国ノ元首ニシテ統治権ヲ総攬シ此ノ憲法ノ条規ニ依リ之ヲ行フ

さらには次の第一〇条から第一四条を設け、天皇大権なる、天皇のみが行使しうる統治権の範囲を設定した。

第一〇条　天皇ハ行政各部ノ官制及文武官ノ俸給ヲ定メ及文武官ヲ任免ス但シ此ノ憲法又ハ他ノ法律ニ特例ヲ掲ケタルモノハ各々其ノ条項ニ依ル

第一一条　天皇ハ陸海軍ヲ統帥ス

第一二条　天皇ハ陸海軍ノ編制及常備兵額ヲ定ム

第一三条　天皇ハ戦ヲ宣シ和ヲ講シ及諸般ノ条約ヲ締結ス

第一四条　天皇ハ戒厳ヲ宣告ス

そして極めつけは次の第五五条であった。

第五五条　国務各大臣ハ天皇ヲ補弼シ其ノ責ニ任ス

二　凡テ法律勅令其ノ他国務ニ関ル詔勅ハ国務大臣ノ副署ヲ要ス

天皇が親政を行うということは、天皇に代わって統治権を総攬する者がいないということを意味するから、内閣制をとりながら内閣総理大臣の地位を明確にすることができなくなった。それをかかる各国務大臣の単独輔弼制という形で表現してしまったのである。天皇が文字通り親政を行わない限り、権力が必然的に四分五裂する体制をつくりあげてしまったのである。

伊藤ら自身が天皇親政論に囚われてしまった証拠であった。

二、「明治一四年」の転換

ではなぜ天皇不執政の原則を堅持しようとしていたはずの伊藤博文までが、天皇親政論に囚われてしまったのか。

そこで大事なことは、明治国家は当初、大日本帝国憲法のような憲法を制定したいとは思っていなかったことである。君主は君臨すれども統治せずの原則の下、統治権の総覧は事実上は議会に責任を負う内閣が行う、責任内閣制、もしくは政党内閣制を構想していた。当然、範としたのは、イギリスであった。

それが証拠に、大久保利通なき後、参議筆頭として政府を率いた大隈重信は、一八八一年初頭、自らの憲法構想を示し（「国会開設奏議」）、次のように述べていた。

君主ノ人物ヲ任用抜擢セラル、ハ固ヨリ国人ノ輿望ヲ察セラルベキコトナレドモ、独裁ノ治体ニ於テハ国人ノ輿望ヲ表示セシムルノ地所ナキガ故ニ、或ハ功績ニ察シ或ハ履行ニ求メ、其最モ国人ノ為ニ属望セラルベシト叡鑒アル、人物ヲ延用シテ政務ノ顧問ニ備ヘラル、モ、是レ已ムヲ得ザルニ出ル者ナリ。若シ政体ニ於テ国人ノ輿望ヲ表示セシムルノ地所アランニハ、其輿望ヲ察シ以テ人物ヲ任用セラルベキハ無論ナリ。斯クノ如クセバ則チ擢抜明ニ其ノ人ヲ得テ皇室益々尊カルベシ。（「憲法構想」二一八頁）

まさにイギリス型立憲君主制を構想していた。この構想は、しばしば、政府内でもリベラル派に属した大隈重信の「独走」から生まれた構想のようにいわれるが、それは「明治一四年政変」後に、大隈を切り捨てた側の人々がつくりあげた神話に過ぎない。当然伊藤博文や井上馨のような、政府の中枢を占める人々との合意の上で練りあげられた構想であった。

そしてそれは、この構想を知識人として支えた福沢諭吉の、解説をみれば納得がいく。彼は、アメリカ型三権分立との対比で、イギリス型政党政治（責任内閣制）の利点を次のように述べていた。

今我国に於て国会を開くに当り、其模範を西洋諸邦の中に取らんと欲せば、議員撰挙の一事に就ては英国の法に倣ふを以て最も便なりとす。英米両国の国会を比較するに、其会の体裁及び会議の勢力は固より相均しと雖も、米国は官吏を撰んで議員となすを許さず、英国は之れに異にして、政府貴顕の官吏は大抵議員たらざるはなし。此法に拠れば、英の官吏は政府に在りては行政官となり、国会に在りては議政官となり、恰も行議の両権を兼るものなるが故に、英政府は常に国会議員の多数を篭絡して事を行ひ、意の如くならざるはなし。（『国会論』八六頁）

議会に席をおく議員（「議政官」）が、同時に内閣を組織する官吏（「行政官」）になるために、自ずから「英政府は常に国会議員の多数を篭絡して事を行」うことができるようになっており、「官吏を撰んで議員となるを許さ」ない「米国」に比して、統治がいたってスムーズに行われていると。

ではその利点は、たまたま議会の中で多数を占めた党派の議員の中から内閣・官吏を選んでいるから生まれる利点かというと、彼はそうではないと考えていた。彼は続けて、さらに次のように述べていた。

若し英国の法に倣ひ、国会議員に官吏を除くことなく、国民一般の投票に附し、以て天下人心の帰向する所に随はゞ、今の当路者は果して其撰に当らざる者なるか。吾党の所見に拠れば、政府は人才の淵叢なるを以て、仮令ひ野に遺賢なきにあらずと雖も、全国智徳の大半は政府中にありと云はざるを得ず。(『国会論』九二頁)

「全国智徳の大半は政府中にあり」、即ち政府こそ「人才の淵叢」である。したがって官吏があえて「国民一般の投票」に身を晒す決意さえすれば、「今の当路者は果して其撰に当らざる者なるか」、彼らは必ず「其撰に当」って議員になるだろう。吏員があえて選挙に出馬し議員になるから、その利点は生まれるのであると。

要は政党内閣制(議院内閣制)を、「官吏を撰んで議員となるを許さ」ない「米国」の制度の下ではあり得ないが、イギリス的制度の下では可能な、吏員が議員となり、ここでいう「吾党」を結成することによって、政府を「有司専制」の誹りから救い出すための制度と考えていたのである。政党政治となったところで、従来の政府と全く違うメンバーが政権を担当するなど、あり得ないと考えていたのである。

この考え方が大隈憲法構想の背景にはあった。事実、福沢は、大隈憲法構想に対する輿論の支持をとりつけるために、大隈構想類似の私擬憲法草案、交詢社案を準備し、新聞の発刊を計画し——翌一八八二年に『時事新報』として実現——、旺盛な言論活動を展開していた。

ならば大隈憲法構想に、伊藤博文や井上馨のような、政府中枢を占める人々が合意していたとしても、それは当然であった。

言うまでもなく、維新以来の政府の課題は、一日も早く立憲政体を樹立し、自らに対する「有司専制」の誹りを払拭することであった。

だから「有司」と呼ばれた官僚（官吏）たちは「五箇条の誓文」を発して以来、立憲政体の樹立に向けて着実に歩みを進めてきた。一八七五年には、明治天皇の名において漸次立憲政体樹立の詔書を発し、同時に、大審院・元老院・地方官会議を設置し、三権分立の基礎をつくると共に、議会政治に向けてのウォーミングアップを始めた。さらに一八七八年には、郡区町村編成法・府県会規則・地方税規則の、いわゆる三新法を制定し、まずは府県会のレベルにおいて議会政治をスタートさせた。そして一八八〇年には、各参議に、立憲政体樹立に向けてのそれぞれの意見を具申させる段階に達した。

またその一方では、議会が開催されれば必ず必要となる政党の結成準備も、進んでいた。こちらは、志半ばで政府を去り野に降った元参議たちが中心となり、一八七三年の征韓論争に敗れて下野した板垣退助・江藤新平・後藤象二郎の三人が、同志を募り、翌一八七四年、民撰議院設立建白書を政府に提出したのが、嚆矢となった。そして佐賀の乱（一八七四年）や西南戦争（一八七七年）といった士族反乱が終結し、社会的不満を武力に訴えて解決する可能性が消滅すると、多くの士族や豪農層が合流、自由民権運動と呼ばれる議会の開設と政党の結成を求める、一大国民運動へと発展していった。一八八〇年になると、板垣退助率いる愛国社を母胎に、国会期成同盟が結成され、運動の全国的組織化が図られ、いよいよ政党（自由党）結成の動きが加速した。

かかる状況の中で、大隈憲法構想は練りあげられたのである。それが伊藤や井上ら政権中枢の人々とのすり合わせもなく練りあげられたなどとは、考える方がおかしい。事実一八八一年の正月には、大隈・伊藤・井上の三人が、黒田清隆や五代友厚や山県有朋らも交えて、熱海に集い、種々謀議を巡らせている（熱海会議）。当然謀議の一つの柱は憲法構想であったと思われる（小路田一九八一）。

ただ、その大隈憲法構想の実現の前には、大きなハードルが一つあった。それは、議員が官吏になるのではなく、官吏が議員になるのである。そのような議員の存在を前提とした政党内閣制をつくろうというのである。

とはいえ、実際の選挙を行えば、後に福沢諭吉が次のように嘆息したような、有権者の要求にただ振り回される議員が多数生まれることも、また止むを得ないことであった。

議員等が主として論ずる所は地租軽減の一事にして、其理由を聞けば斯民休養と称して、一切の政費節減論も目的の在る所は唯この休養の外ならず。（中略）国庫第一の税源を軽率に投棄せんとするが如き、農家選出の議員とは申しながら、其言ふ所概して浅薄にして頼母しからず。（『国会難局の由来』八七～八八頁）

ならば、今後つくられる「吾党」において、そうした議員の抵抗を排して、官吏が議員になるタイプの議員（党幹部）の強いリーダーシップが生み出せるかどうかが、そのハードルであった。

そして一八八一年の段階で、大隈らがそのハードルを越えられるかどうかの試金石になったのが、北海道開拓使官有物払下げ問題であった。

当時深刻の度合いを増していたインフレーションを抑制するためには、居留外国人や清国人商人に頼らず、日本人自身の手で日本の物産を海外に輸出する直輸出を推進し、外貨（金）を獲得し、獲得した外貨を引き当てに、日本銀行を創設して金兌換券を発行するのが最善の方法だという考えが生まれた。円を金に連動させることによってインフレの抑制をはかろうと考えたのである。

ただ直輸出の推進には巨大な資本が必要であった。ついこの間、三菱汽船会社がP&O汽船会社（イギリス）

との競争に勝ち、日本の沿岸航路の覇権を握ったばかりだということを考えておくべきである。そこで大隈らが依存したのが、大阪の政商五代友厚（元薩摩藩士）であった。大阪は当時日本一の経済力を誇る商都であった。

では五代はそれにどう応えたのか。彼はその期待に応え、大阪資本を結集して関西貿易社を創設した。と同時に、直輸出に必要な物産を確保するためということで、北海道開拓使官有物の民間払下げを要求したのである。長崎貿易の時代以来、この国の最大の輸出品の一つが、北海道物産の俵物であったことを、ここでは想起するべきである。これが北海道開拓使官有物払下げ問題であった。極めて壮大な計画の一部であった。だから北海道開拓使官有物払下げの両当事者である五代も、黒田清隆（開拓使長官）も、上記熱海会議に参加していたのである。

確かに公表されれば、同じ薩摩藩出身の五代と黒田の癒着が疑われそうな問題であったが、たとえ目の前の輿論がどう流れようと、これを推進できないようでは、上記のハードルは越えられなかった。

しかし越えられなかったのである。一八八一年七月の『東京横浜毎日新聞』と『郵便報知新聞』の報道をきっかけに、北海道開拓使官有物払下げを、黒田と五代の間の汚職事件とみなす輿論が異常な盛り上がりを見せ、その前に明治政府はたじろいだ。そこに、かつて「ええじゃないか」の乱舞や、廃仏毀釈の猛威となって現れた、集会する民衆（「人民の集会」）の復活をみたのであろう。真の「立法者」が動き出した以上、彼らは後退するしかなかったのである。

かくて大隈憲法構想の実現は断念された。天皇に「立法者」を求めながら、天皇の不執政だけは貫く唯一のチャンスを失ったのである。伊藤や井上は、急遽岩倉具視らと結託し、大隈追放に走った。明治一四年の政変である。そして激昂した輿論を鎮めるために、北海道開拓使官有物の払下げを中止し、一〇年後の国会開設を約束（国会開設の詔書）した。改めて憲法調査を行うための一〇年という時間を稼いだのである。

そしてひたすら輿論の重圧から国家を守ためだけの憲法制定方針（大綱領）を、岩倉の指示で井上毅に起草させ、次のように定めたのである。

一　欽定憲法之体裁可レ被レ用事。
一　帝位継承法ハ祖宗以来ノ遺範アリ、別ニ皇室ノ憲則ニ載セラレ、帝国ノ憲法ニ記載ハ要セザル事。
一　天皇ハ陸海軍ヲ統率スルノ権ヲ有スル事。
一　天皇ハ宣戦講和及外国締約ノ権ヲ有スル事。
一　天皇ハ貨幣ヲ鋳造スルノ権ヲ有スル事。
一　天皇ハ大臣以下文武重官任免ノ権ヲ有スル事。
一　天皇ハ位階勲章及貴号等授与ノ権ヲ有スル事。
一　天皇ハ恩赦ノ権ヲ有スル事。
一　天皇ハ議院開閉及解散ノ権ヲ有スル事。
一　大臣ハ天皇ニ対シ重キ責任アル事。
一　法律命令ニ大臣署名ノ事。
一　立法ノ権ヲ分ツ為ニ、元老院、民撰院ヲ設クル事。
一　元老院ハ特撰議員ト華士族中ノ公撰議員トヲ以テ組織スル事。
一　民撰議院ノ議員撰挙法ハ財産ノ制限ヲ用ウル事。

一　歳計ノ予算、政府ト議院ト協同ヲ得ザルトキハ、総テ前年度ノ予算ニ依リ施行スル事。
一　臣民一般ノ権利及義務ヲ定ムル事。
一　議院ノ権限ニ関スル事。
一　裁判所ノ権限ニ関スル事。

（『憲法構想』二二四頁）

とても憲法制定方針とは言い難い、輿論を恐れ、輿論に対する防波堤を、天皇親政を盾につくり出そうとする憲法制定方針であった。しかしこの憲法制定方針が大日本帝国憲法にまで浸透してしまったのである。憲法調査にあたった伊藤博文らまでが、天皇親政論に囚われてしまった原因であった。

岡倉天心のアジア主義的日本文化論

一八九三年、コロンブスの「アメリカ大陸発見」四〇〇年を記念して、アメリカのシカゴで万国博覧会が開催された。一八五一年にロンドンで開かれた万国博覧会以来、万博といえば、それまで産業革命の成果を誇示し、各国が国威を発揚する場であった。しかしこの万博は、少し様相が違っていた。産業革命の負の側面にも光が当てられ、さらには、各国が国威の発揚を競い合った結果、その勃発が懸念されるようになった、世界戦争を如何にすれば回避できるかがテーマになった。

だからシカゴという、産業革命に伴うアメリカの貧困が、幾重にも積み重なった都市を舞台に、それを如何にすれば人が快適に暮らせる都市につくり替えることができるかがテーマになったのである。電化がキーワードとなり、交通網の整備による都市域の拡張が図られ、観覧車（フェリス・ホイール）の設置など、娯楽の産業化がはかられた。

また世界の諸民族・諸文化の対立を緩和するために、世界宗教会議をはじめ、様々な国際会議が開かれた。とりわけ世界宗教会議は大きなインパクトを世界に与えた。ちなみにその世界宗教会議の場において最も虹彩を放ち、諸宗教の平等を呼びかけたのが、インド人、ヴィ・ヴェー・カーナンダーであった。

そしてそのヴィ・ヴェー・カーナンダーの活躍に触発され、再度、世界宗教会議を開こうと努力を傾けたのが岡倉天心であった。言わずと知れたフェノロサと並ぶ、「日本の美」の発見者であった。

そして彼は、世界戦争の回避のためには、日本文化の普及こそ大切だと考えたのである。日露戦争が終結した翌年（一九〇六年）、*"The Book of Tea"*（『茶の本』）を英語（アメリカ）で出版し、自らの心情を次のように吐露していた。

西洋人は、日本が平和な文芸にふけっていた間は、野蛮国と見なしていたものである。しかるに満州の戦場に大々的殺戮を行ない始めてから文明国と呼んでいる。近ごろ武士道――わが兵士に喜び勇んで身を捨てさせる死の術――について盛んに論評されてきた。しかし茶道にはほとんど注意がひかれていない。この道はわが生の術を多く説いているものであるが。もしわれわれが文明国たるためには、血なまぐさい戦争の名誉によらなければならないとするならば、むしろいつまでも野蛮国に甘んじよう。われわれはわが芸術および理想に対して、しかるべき尊敬が払われる時期が来るのを喜んで待とう。（『茶

の本』岩波文庫）

日本文化の本質を、「血なまぐさい戦争の名誉によらなければ」「尊敬が払われ」ないような文化ではなく、「平和な文芸」そのものとしたのである。だから彼は「武士道」にではなく、「茶道」（Teaism）にこそ、日本文化の本質はあるとした。

ではその発想の背後にある思索は？

　彼は日本文化の特色を次のように捉えた。日本は他のアジアの国々に比して争い事が少なく、王朝交代に伴う大規模な文化破壊のようなことがなかったので、幾つもの時代に、アジアの各地から流入してきた優れた文化（文明）が、誕生の地では滅びても滅びることなく保存され、積み重なり、独特の発酵を遂げて生まれた文化であると。そしてそれを育んだ日本こそ「アジア文明の博物館」であると。

「アジア文明の博物館」で、平和の持続があればこそ融合し育まれた、アジア文明の結晶、それが日本文化だとしたのである。ちなみにその持続する平和の象徴が、彼にとっては万世一系天皇であった。

　故に日本文化には二つの特色があるとした。そもそも平和を体現してこその文化であるとの特色。それを象徴するのが「武士道」ではなく、「茶道」であった。そしてもう一つは、元を正せば「外来文化」の集積・融合文化であるために、類似の文化を世界各地に持つ、普遍的な文化だという特色であった。故に彼は、日本文化の世界への普及・拡大によって、世界戦争の危機は回避できると考えたのである。そしてその自らの考えに、ヴィ・ヴェー・カーナンダーとの出会い以降の全ての人生を捧げたのである。

　ただ天心にとって不幸だったのは、天心がこのような日本文化論を手に入れ、完成させたまさにその時、日本は真逆の日本文化論に突き動かされる国になっていったということであった。「茶道」よりも「武士道」が尊ばれる国になっていったのである。それは、天皇制を「万邦無比の国体」と捉え、それに育まれた文化を、他に類例を見ない特異な文化（固有文化）と捉える日本文化論であった。白鳥庫吉が邪馬台国＝九州説をとなえた（一九一〇年）のも、そうした日本文化論を確立するためであったし、津田左右吉が『神代史の新しい研究』（一九一三年）を著し、日本文化への中国文化の影響を徹底的に否定し、帰す刀で『古事記』『日本書紀』信ずるに足らずとの言説を構築したのも、それを確立するためであった。日本文化の特色を語れば語るほど、日本が世界から孤立していくタイプの日本文化論が流布し始めたのである。かつて天心に心酔した菱田春草や横山大観らの心も、その影響を受けてか、少しずつ天心から離れていった。

　従って晩年の天心は孤軍奮闘であった。その孤軍奮闘は、一九〇〇年のパリ万博に出品するための「日本美術史」編纂事業が蹉跌をきたし、彼の思い描いたものとは全く異なる『稿本日本帝国美術略史』の出版に終わってしまったときに既に始まっていたが、日露戦争後、決定的となった。彼の日本文化論もまた、誰からも理解されない日本文化論へと「転落」していったのである。だからかもしれない。彼は全ての著作を英語で書き、日本語では書いていない。日本に対する絶望が彼を支配していたのかもしれない。

　そして、一九一三年、まさに世界戦争が始まる前年に、彼は没した。

【参考文献】

・小路田泰直『日本史の思想―アジア主義と日本主義の相克』（柏書房、一九九七年）。
・横山久美子「岡倉天心の Teaism」（『日本史の方法』Ⅶ、二〇〇八年五月）。

三、日本政治の危機

しかし、憲法制定に際して、形の上のこととはいえ、天皇親政原理を大幅に取り入れたことは、その後の日本政治に大きな危機をもたらす原因となった。

ときに天皇親政が現実化した。一八九〇年にようやく開かれた第一議会から、日清戦争直前の第六議会までの議会を通常初期議会と呼ぶが、その特徴は、富国強兵政策を進めようとして積極財政を提案する政府と、有権者の減税要求を背景に、経費節減・民力休養を主張する民党（自由党系と立憲改進党系）との激しい対立に彩られたことであった（板野一九七一年）。その状況を打開しようとして、政府はときとして議会を解散し大々的な選挙干渉を行ったり、次の憲法第六七条や第七一条を用いて議会を圧迫したりしたが、結局は統治権の総覧者としての天皇の裁定に頼らざるをえなくなった。

第六七条　憲法上ノ大権ニ基ツケル既定ノ歳出及法律ノ結果ニ由リ又ハ法律上政府ノ義務ニ属スル歳出ハ政府ノ同意ナクシテ帝国議会之ヲ廃除シ又ハ削減スルコトヲ得ス

第七一条　帝国議会ニ於テ予算ヲ議定セス又ハ予算成立ニ至ラサルトキハ政府ハ前年度ノ予算ヲ施行スヘシ

日清開戦を目前に控えて事態の打開を急いだ第二次伊藤内閣は、一八九三年二月、明治天皇に和衷協同の詔を発してもらい、天皇も海軍拡張費を一部負担するということで、民党との妥協に漕ぎ着けた。最も強く宮中・府中の別を主張してきたはずの伊藤博文が、天皇を府中に引きずり出す最初の立役者になってしまったのである。

そして議会も次の憲法第四九条を盾に、天皇への上奏を繰り返した（鈴木二〇〇〇）。

第四九条　両議院ハ各々天皇ニ上奏スルコトヲ得

天皇の政治的不答責を規定した第三条があってもそれが機能しない状況が、早くも憲法制定後数年で生まれてしまったのである。そしてそれは、既にみてきたように、万世一系天皇の存続にとっては、看過し難い危機であった。

あるいは、憲法第一〇条から一四条のいわゆる天皇大権、とりわけ第一一条と第一二条の統帥大権があることによって、軍部が内閣の統制から離れて独走するといったことがしばしば起こり、内閣の危機、統治の危機が繰り返された。

一九一二年、第二次西園寺公望内閣が、陸軍の二個師団増設要求を拒否したとき、陸軍は、統帥権の独立を背景に生まれた軍部大臣現役武官制を盾に、まずは上原勇作陸軍大臣を辞任させ、次いでその後任の大臣を出さないという挙に出、内閣を総辞職に追い込んだ。

一九三〇年、濱口雄幸内閣がロンドン海軍軍縮条約を締結しようとしたとき、軍令部を中心とする海軍の一部が、それを統帥権干犯だと非難・攻撃し、条約の調印こそ阻止できなかったものの、東京駅駅頭における濱口首相襲撃事件のきっかけをつくった。さらには翌々年の、海軍青年将校らが犬養毅（立憲政友会）首相を襲撃し殺害し政党内閣を終焉に導いた、五・一五事件のきっかけをつくった。

また一九三六年に二・二六事件が起きると、大正政変後一旦廃止されていた軍部大臣現役武官制が広田弘毅内閣によって復活させられ、以後、陸海軍の意向に沿わない如何なる内閣も生まれ得ないという異常事態が生まれた（伊藤隆一九六九・二〇一三）。

なお二・二六事件も、決起した陸軍青年将校たちが、武力を行使して「君側の奸」を取り除き、憲法第一四条に基づきこの国を一旦憲法停止状態（戒厳令下）に陥れれば、真の天皇親政が発現し、彼らが望む「国家改造」が実現するとの、北一輝ゆずりの考え方にたったからこそ起きた事件であった。これも天皇大権があればこその事件であった。

憲法が天皇親政原理に基づいて編纂されたことが、如何に深刻な政治的危機をこの国にもたらし続けたかは、明らかであった。

四、「立憲国の君主」の戦い

そしてその危機の深さに気づき、何とか親政を回避しようとしたのは、実は天皇自身であった。

確かに若き日の明治天皇は、自らも親政を志向したといわれる。しかし初代内閣総理大臣伊藤博文との間に「機務六条」を取り交わし、宮中・府中の別を明確にして以降の明治天皇はその志向を棄てた。むしろ親政を回避することの方に意を用いた。日清開戦にあたって、彼が「其の儀に及ばず。今回の戦争は朕素より不本意なり、閣臣等戦争の已むべからざるを奏するに依り、之を許したるのみ、之れを神宮及び先帝陵に奉告するは朕甚だ苦しむ」（『明治天皇紀』第八、四八一～四八二頁）と述べ、開戦を「奉告」するための「勅使」を、橿原神宮（神武天皇）と孝明天皇陵に派遣することに難色を示した（一八九四年八月一一日）のは、それを象徴する出来事であった。天皇も思い直して「勅使」は無事派遣されたが、憲法第一三条により開戦の責任を一身に負わされることに対する、精一杯の違和感の表明であったといえる。

日露開戦に際して、

よもの海　みなはらからと　思ふ世に　など波風の　たちさわぐらむ

との、日米開戦に際して昭和天皇も想起した、厭戦的ともとれる「御製」を詠んだのも同じ意思の表明だったのだろう。

そして明治天皇以上に、親政回避に努力を重ねたのは昭和天皇であった。

一九二八年六月、満洲某重大事件（張作霖爆殺事件）が起きると、彼は言を左右にして責任者の処罰を曖昧にしようとする田中義一首相に対して、「それでは前と話が違ふではないか、辞表を出してはどうか」と「強い語気」（『昭和天皇独白録』二三頁）で迫り、ついには内閣を総辞職に追い込んでしまうが、そこまでしておいて、その結果の深刻さに驚き、激しく後悔し、遂には次のように決意をした。

この事件あつて以来、私は内閣の上奏する所のものは仮令自分が反対の意見を持つてゐても裁可を与へる事に決心した。（『昭和天皇独白録』二三頁）

以後、不執政天皇という意味での立憲君主に徹しようと。

だから彼はそれ以降、自らの意思とどれほど乖離があろうと、内閣や統帥部の決定には、ただ唯々諾々と従い続けた。日米開戦に際しても、戦えば負けると確信しながらゴーサインを出した。そのときの心境を、『昭和天皇独白録』の中で次のように述べている。

翌三十日、高松宮が昨日の様子をきゝに来た。そして「今この機会を失すると、戦争は到底抑へ切れぬ、十二月一日から海軍は戦闘展開をするが、已にさうなつたら抑へる事は出来ない」との意見を述べた。

戦争の見透に付ても話し合つたが、宮の言葉に依ると、統帥部の予想は五分五分の無勝負か、うまく行つても、六分四分で辛うじて勝てるといふ所ださうである。私は敗けはせぬかと思ふと述べた。宮は、それなら今止めてはどうかと云ふから、私は立憲国の君主としては、政府と統帥部との一致した意見は認めなければならぬ、若し認めなければ、東条は辞職し、大きな「クーデタ」が起り、却て滅茶苦茶な戦争論が支配的になるであらうと思ひ、戦争を止める事に付ては、返事をしなかつた。

十二月一日に、閣僚と統帥部との合同の御前会議が開かれ、戦争に決定した、その時は反対しても無駄だと思つたから、一言も云はなかつた。（『昭和天皇独白録』七五～七六頁）

負けるとわかった戦争を止めるよりも、「立憲国の君主として」振る舞うことの方を優先したのである。万世一系血をつないできた天皇にとって、天皇不執政の原則を守ることがどれほど大切なことであったかがわかる。

ただここで大事なことは、昭和天皇は「立憲国の君主として」振る舞うために、ただひたすら現実から逃走し続けたわけではなかったということである。彼はときとして積極果敢に行動した。

それは二・二六事件（一九三六年）のときのことであった。先にも述べたが、決起した陸軍青年将校たちは、武力を行使して「君側の奸」を取り除けは、戒厳令が敷かれ、真の天皇親政が実現し、それが実現すれば一挙に「国家改造」が進むと夢想してクーデターにたちあがった。その思いをもって、下士・兵卒約一五〇〇人を率いて、首相官邸他の国家中枢を襲い、永田町一帯を占拠し、高橋是清大蔵大臣、斎藤実内大臣、渡辺錠太郎教育総監他を殺害したのである。そしてその夢想は、一瞬実現したかにみえた。戒厳令が敷かれ、陸軍首脳が、彼らと天皇の間をとりなそうとしたからであった。

しかし昭和天皇は、彼らの夢想を見事に打ち砕いた。決起部隊を「叛乱軍」と規定し、速やかな鎮圧を命じたのである。そして躊躇する陸軍首脳を前に、自ら近衛師団を率いて鎮圧に赴くとまでいったのである。親政要求に親政で応え、そうすることによって親政論者たちの夢想を、完膚なきまでに打ち砕いたのである。当然それは「立憲国の君主として」の矩を超えていた。だから彼は次のような言い訳をしている。

大体討伐命令は戒厳令とも関連があるので軍系統限りでは出せない、政府との諒解が必要であるが、当時岡田〔啓介・首相〕の所在が不明なのと且又陸軍省の態度が手緩るかつたので、私から厳命を下した訳である。(『昭和天皇独白録』三二頁)

しかしこれは、所詮は言い訳に過ぎなかった。彼は明確な意志をもってその矩を超えたのである。周囲が自らに求める天皇親政を実際に行えば何が起こるか、それを逆説的に示したのである。そして二度と天皇親政論者たちが跋扈するようなことのない状態を、つくり出そうとしたのである。

事件後の迅速果断な措置も、その彼の断固たる意志があったればこそであった。三月四日には早くも特設軍法会議が設置され、一審制、非公開、弁護人なしという、まさに「暗黒裁判」が強行された。そして民間人二人(北一輝・西田税)を含む首謀者一九人の死刑が、翌年八月までに執行された。また粛軍の名の下に、青年将校らと気脈を通じていたとみなされた皇道派軍人の多くが陸軍中枢から排除された。

しかし事件が一段落すると、まるで何ごともなかったかのように、彼は再び「立憲国の君主」に戻った。そしてポツダム宣言受諾の「聖断」を下すまで、二度と大きな問題で「立憲国の君主」としての矩を越えることはなかった。日米開戦に際しても、先の『独白録』からの引用にもあったように、負けると分かりながら、御前会議の決定に唯々諾々と従ったのである。

ただ大事なことは、ではその間、彼は一切の政治的能動性を喪失していたのかというと、そうではなかったということである。開戦の決定に「一言も云は」ずに従ったといいながら、他方で彼は『独白録』の「結論」において次のように述べている。

開戦当時に於る日本の将来の見透しは、斯くの如き有様であつたのだから、私が若し開戦の決定に対して「ベトー」したとしよう。国内は必ず大内乱となり、私の信頼する周囲の者は殺され、私の生命も保証出来ない、それは良いとしても結局狂暴な戦争が展開され、今次の戦争に数倍する悲惨事が行はれ、果ては終戦も出来兼ねる始末となり、日本は亡びる事になつ〔た〕であらうと思ふ。（『昭和天皇独白録』一三七頁）

もしその決定がなければ「今次の戦争に数倍する悲惨事」がひき起こされていたであろうと想像を巡らせることによって、「国家、民族の為に私が是なりと信んずる所に依て、事を裁いた」、そして「私の考は正しかつた」（『昭和天皇独白録』一三六頁）との自己評価を下している。

彼の「立憲国の君主」としての政治的受動性の裏には、かかる、ある意味でしたたかな政治的能動性が秘められていたのである。戦争の惨禍を最小化するために「是なりと信」じて、「一言も云は」ずに御前会議の決定を受け入れ、開戦の聖断を下したのである。

となると、昭和天皇が「立憲国の君主」であることにこだわり続けたことの意味も変わってくる。それは単に、天皇親政論者たちから加えられる様々な圧力から身を守るためだけではなかった。最後は統帥権の独立を盾に暴走する軍部をはじめ、並いる天皇親政論者たちを、やがては自滅に追いやるための、攻撃性を秘めたこだわりだったということになる。

彼は天皇親政原理に貫かれた第日本帝国憲法体制の矛盾を一手に引き受け、それを機能不全に陥れることを通じて、より安定した政治体制である戦後象徴天皇制への道を、一人模索し続けていたのである。唯一人、親政の主体になりうる君主なればこその孤独な戦いをしていたのである。だから連合国軍最高司令官マッカーサーが、「吾等が」「主権在民を明記したのは、従来の天皇が祖宗相承けて帝位に即かれるといふことから進んで国民の信頼に依つて位に居られるといふ趣意を明かにしたもので、かくすることが天皇の権威を高からしめるものと確信する」(『芦田均日記』第一巻、七九〜八〇頁)と述べて、憲法改正草案を提示し、象徴天皇制の受け入れを迫ってきたとき、彼は何の違和感もなく、それを受け入れることができたのである。

第七章

政党政治と美濃部憲法学と国体

一、政党政治に向けて

改めて繰り返すが、大日本帝国憲法体制の抱える最大の矛盾は、「立法者」を万世一系天皇に求めておきながら、統治システムの編成にあたっては、天皇親政原理に大きく依拠したことであった。藤田幽谷が「天子垂拱して、政を聴かざること久し。久しければ変じ難きなり」と述べたように、万世一系天皇は天皇の不執政を前提にしていた。その天皇が親政を行うというのであるから、それは矛盾以外の何ものでもなかった。全ての権力は天皇に集中するが、天皇はあえて統治に関わろうとしない。それでは権力は四分五裂するしかなかったからである。そして一九一二年、二個師団増設要求が受け入れらないとみるや、陸軍が陸軍大臣を辞任させ、軍部大臣現役武官制（統帥権）を盾に、後任を出さないことによって第二次西園寺内閣を総辞職に追い込んだとき、その矛盾が露呈した。

ではどうすればその矛盾から抜け出すことができたのか。ヒントは、その第二次西園寺内閣崩壊の直後に起きた出来事にあった。

第二次西園寺内閣が総辞職すると、第三次桂太郎内閣が誕生したが、そのときすかさず立憲政友会の尾崎行雄や、立憲国民党の犬養毅らは、陸軍や、それとつながる桂ら藩閥政治家たちの行動を、宮中・府中の別をみだす行動として激しく非難し、「閥族打破・憲政擁護」をスローガンに第一次護憲運動を起こし、今度は第三次桂内閣を総辞職に追い込んだ。大正政変である（板野一九九四）。

彼らは「閥族」の対極に「憲政」という概念をおいたが、それは明らかに政党政治を意味していた。第二次西園寺内閣は、内閣全員が政党員によって占められる完全な意味での政党内閣とはいえなかったが、それでも立憲政友会総裁西園寺公望が組織した内閣であった。それが「閥族」の領袖と目された桂太郎によってとって代わられたのである。だから生まれたのが「閥族打破・憲政擁護」のスローガンであったと考えれば、「憲政擁護」の「憲政」はやはり政党政治を意味していた。そしてその「憲政」を擁護することが「宮中・府中の別」を守ることとして正当化されたのである。

「宮中・府中の別」を守るということは天皇の不執政を守るということを意味した。天皇親政原理に貫かれた大日本帝国憲法体制下にあって、天皇の不執政（「宮中・府中の別」）を守り、かつ権力の四分五裂を防ぐ方法は、結局政党政治を実現することだったのである。かつての大隈憲法構想を、別の形で実現することだったのである。

確かに各国務大臣の単独補弼を定めた憲法第五五条があるかぎり、内閣が内閣総理大臣のイニシアティブの下に統合される必然性はなかった。ともすれば内閣が四分五裂に陥るのも止むを得ないことであった。しかし、その各国務大臣を同じ政党に属し、思想信条を同じくする人々によって満たし、かつ党首の強いリーダーシップの下におくことができれば、たとえ憲法第五五条があろうと、内閣に強い政治的統合をもたらすことは可能だからであった。

しかも内閣に強い政治的統合があれば、天皇の大権事項（憲法第一〇条〜一四条）を支える各機関の長（陸海軍大臣・参謀本部長・軍令部長等）を、内閣に同調させることも、それほど難しいことではなかった。事実陸海軍大臣と外務大臣以外の全ての大臣を立憲政友会員で占めた原敬内閣は、陸軍大臣田中義一や海軍大臣加藤友三郎の全面的な協力を得て、通常軍部に不人気な軍縮政策を進めることに成功している。また、ロンドン海軍軍縮条約の締結をめぐって激しい「統帥権干犯」批判にさらされた濱口雄幸立憲民政党内閣も、海軍大臣財部彪の必死の支えを得て、条約締結に成功している。

だから、一九一二年の一連の出来事を待つまでもなく、立憲政体が樹立されるや、この国の主だった指導者たちは、ほとんど例外なく政党の結成、政党内閣の実現に向けて努力を重ねたのである。

まずは一八九八年、大隈重信を総理大臣、板垣退助を内務大臣とする憲政党（自由党と進歩党が合同）内閣（隈板内閣）の出現を許し、その崩壊後、後を襲った山県有朋（第二次内閣）が、隈板内閣崩壊の余波を受けて分裂した憲政党の一方の派（憲政党）との連携を模索した。そして一九〇〇年には伊藤博文が、その憲政党を母胎に立憲政友会を結成し、第四次伊藤内閣を組織した。第四次伊藤内閣崩壊後は西園寺公望が継ぎ、その後は外務官僚出身の原敬が継いだ。

また一九一三年には、第一次護憲運動に立ち上がった国民から「閥族」のレッテルを貼られ、一敗地に塗れた桂太郎が、その苦い経験を踏まえて立憲同志会の結成に乗り出した。ただし結党をまたず彼はこの世を去ったために、外務官僚出身の加藤高明がその遺志を継いだ。そしてこの立憲同志会が、その後反政友会系勢力の結集核となり、一九一六年には憲政会へ、一九二七年には立憲民政党へと発展した。こちらは加藤亡き後、大蔵官僚出身の若槻礼次郎と濱口雄幸が後を継いだ。

ただ、政党政治の土台となる政党をつくり上げるのには、それなりの困難が伴った。国民の間に存在する様々な不満を吸い上げ、議会という場でそれを政府にぶつけることが仕事であった、自由民権運動期から初期議会期にかけての政党を、むしろその不満をぶつけられる側にまわり、逆に国家政策（政権を握ったときには政府の政策）を国民の間に浸透させていく役割を担う政党につくりかえなくてはならなかったからであった。

そのためには、自由党が早くも初期議会期において次のように述べていた如く、党首独裁、幹部独裁型の政党をつくり上げなくてはならなかった。

代議士は一国の輿論を代表すへき者なれは輿論の決する所に由て其法を立て政を施すは当然の事なり。然れとも輿論も亦た時として其方向を誤ることあり、道理に違ひ正義に悖る所の者は妄りに之を行ふを得す。国家に主権あるは此道理を行ひ正義を全ふするか為なり。（中略）政党は国家の政治に参与するものなれは同しく此定則に従はさるを得す。一党の内に於ても党員は以て其党の輿論に従はさる可らすと雖とも、唯た多数の議論を以て定論と為し道理に違ひ正義に悖る所あるも妄りに之を行ふに於ては唯た党衆を以て主権者と為し、而して総理を置くの必要なし。（中略）故に政党の総理には其任する所の権吏に大なるを要す。（「党則改正理由書」『自由党党報』第一号）

憲法の番人（東京帝国大学憲法学教授）穂積八束が、その本質を「僅々少数幹部ノ意見、即チ党議トシテ全党員ヲ拘束スル」組織、即ち「首領一人ノ意志即チ絶対ノ党議トナル」（穂積一九三五、一九三頁）組織と見抜いたタイプの政党をつくり上げなくてはならなかったのである。しかも政権を担う以上、その「少数幹部」には、相当数の党外の人材を迎え入れなくてはならなかった。

しかし、所詮は選挙の洗礼を受けなくてはならない人々の集まりである政党を、そのような組織としてつくり直すことは困難を極めた。

しかしその困難は乗り越えなくてはならなかった。そして、不十分ではあってもそれなりに乗り越えたから、一九一八年九月には、最初の本格的な政党内閣、原敬内閣が誕生し、一九二四年（第二次護憲運動）から一九三二年（五・一五事件）にかけては、政党政治が「憲政の常道」と呼ばれるにいたったのである。

ではどう乗り越えようとしたのか。一つは、原敬が小選挙区制の実現に固執し、一九二〇年代後半の一時期、立憲民政党のブレーンを務めた美濃部達吉が比例代表制の導入を提案したように、選挙を、代議士個人を選ぶ選挙から政党を選ぶ選挙に切り替えようとした。それができれば、代議士やその候補に対する「少数幹部」の統制力は飛躍的に高まるし、党に多くの優れた外部人材を迎え入れることも、容易になるからであった。

そして今一つ、政党内閣が生まれるということは、国家の権力機構を政党が自由に差配できるようになるということを意味した。権力機構を集票マシーンに変えたのである。そのために、地方官（府県知事）の政党への系列化をはかり、「我田引鉄」――票田を得るために鉄道を引く――という言葉が残るように、公共事業の党利党略的利用、利益誘導政策化を進めた（有泉一九八〇）。

しかし、前者はさておき、この後者のやり方は、やがて激しい金権政治批判を呼び起こし、政党政治崩壊の一因をつくった。

二、美濃部憲法学（天皇機関説）の構造

ただ政党政治を選択するということは、「立法者」を万世一系天皇に求めておきながら、統治システムの編成においては天皇親政原理に大きく依拠した結果おきた権力の四分五裂を克服するのに、政党という、どこまでも私的な団体の結束力に頼るということを意味した。憲法体制それ自体には何らの変更も加えないやり方であった。

しかしそれでは不安定であった。事実、政党の金権体質への批判は、一九二〇年代において、早くも生ま

れたばかりの政党政治の基盤を突き崩しつつあった。一九二一年一一月四日、わが国最初の本格的な政党内閣をつくり上げた原敬が、東京駅頭で暗殺されるが、その罪状としてあげられたのは財界との癒着、金権体質であった。「財閥」の指導者が直接テロの犠牲になることもあった。一九二一年九月には安田財閥の創始者安田善次郎が、一九三二年三月には三井財閥の総帥団琢磨が殺害された。そうした時代の雰囲気の中で、政党政治は決して盤石ではなかった。

やはり憲法体制そのものの改革によって、その四分五裂の危険性は取り除かれなくてはならなかった。そこで登場したのが、憲法学者（東京帝国大学教授）美濃部達吉の提唱になる国家法人説、天皇機関説であった。憲法それ自体は変えないが、解釈を変える（解釈改憲）という手法での憲法改革であった。

それは次の如く、国家を一つの法人と捉え、国家それ自体に主権、もしくは統治権が宿るとする考え方であった。

統治権は国家の権利であつて、君主の権利でもなく国民の権利でもない、統治権は国家といふ、全団体の共同目的を達するが為めに存する所の権利で、其の団体自身が統治権の主体と認むべきことは、当然であります。君主が主権者であるといふのは、唯君主が国家の最高機関であつて、国家内に於て最高の地位を有する者であることを意味するものと解すべきであります。（美濃部一九一二、二二一～二二三頁）

一言でいうと、「君主の権利」の上に「国家の権利」を置くことによって、「君主の権利」――天皇親政――の名において四分五裂を繰り返す憲法諸機関を、逆に「国家の権利」の名の下に統合し直すという考え方であった。

そしてそうした考え方をとることの正当性を、美濃部は次のように述べたのである。

団体意思ハ一定ノ目的ノ為ニスル多数人ノ組織的結合体ガ其ノ目的ノ為ニスル意思ヲ謂フ、団体ハ自己ノ目的ヲ有シ、随テ又其ノ目的ノ為ニスル意思力ヲ有スルモノトシテ認識セラルルナリ。機関意思ハ団体ノ機関ガ団体ノ目的ノ為ニスル意思ヲ謂フ、団体ノ目的ノ為ニスルモノナルヲ以テ、心理上ニハ機関ノ地位ニ在ル個人ノ意思ナルモ、法律上ニハ機関意思トシテ認識セラレ、個人意思トハ区別セラル。（美濃部一九四六、二〜四頁）

「多数人ノ組織的結合体」（国家）があれば、そこには必ず結合の目的がある。天皇も含めその「組織的結合体」を構成する全ての機関の意思は、その国家の存立目的を実現するための意思であって、一見「個人ノ意思」にみえても、決して『個人ノ意思』ではない。ならば天皇という機関の意思も、機関中最高の機関の意思ではあっても、さらにその上にある国家それ自体の存立目的を具現した意思には従わなくてはならない、と。

ただ、かくいう場合には、君主の意思とは別個の、団体としての国家それ自体の意思が、明瞭な形で存在することを証明しなくてはならなかった。

なぜならば、彼の論敵穂積八束などは、国家が法人であることを否定したわけでも、その法人に「法律関係ノ主体」（法人格）に相応しい、法人意思、国家意思があることを否定したわけでもなかった。ただ意思が宿るのは自然人だけなので、その法人の意思は、即その法人を代表する個人、即ち大日本帝国の場合には天皇の意思そのものになるといっただけであった。天皇の意思の上位に、それとは明瞭に区別された法人の意思、国家の意思など想定しようもないといっただけであった（「法典及人格」〔一八九三〕『穂積八束博士論文集』三〇一〜三〇五頁）。「天皇ハ即チ国家」（「帝国憲法の法理」〔一八九九〕『穂積八束博士論文集』一八頁）とは、その謂だった。君主の意思とは別個の、団体としての国家それ自体の意思の実在を証明できなければ、穂積らのその種の批判には耐えられなかった。

ではそれは証明できるのか。美濃部はできると考えた。その証明のための論法が、彼が師ゲオルグ・イエリネック――国家法人説を提唱したドイツ国法学者――から学んだ、主権の自己制限論であった。

彼はまず国家主権の本質について次のように述べた。

最高又は独立とは、自分以上に如何なる権力も存せず、自分の意思に反して他の如何なる意思に依つても支配せられないことを意味するのであつて、何等の積極的の内容を有せず、純然たる消極的の観念である。Supreme, independent, höchst, unabhängig などの語が之に相当する。一は人を支配することであり、一は他から支配せられないことである。（美濃部一九三四①、二七頁）

それは、「自分の意思に反して他の如何なる意思に依つても支配せられないこと」だと。

その上で、では主権は他の意思によって全く制限を受けないのかというと、それはそうではない、「国家の意思力」は「其の本質上決して絶対の無制限ではあり得ない」、「社会に於いて自然に発達する慣習法及び理法」（自然力に依る制限）および「国内に於ける総ての制定法及び国際条約」の制限（自律的の制限）を強く受けていると述べた。

ではなぜ実際には他からの制限を強く受けていながら、他方「国家は最高独立他の権力の支配の下に立つものではない」などということができるのか。他からの制限を受けないということは、「それは決して絶対に無制限であるといふのではなく、唯自己の意思に反して他の意思に依る制限を受けないといふに止まる」。即ち自己の意思によってそれを受け入れるのであれば、それは決して国家主権の「最高又は独立」を犯したことにはならないといったのである（美濃部一九三四①、三一〜三二頁）。

例えば、国際連盟ができれば、「連盟に加はることに依りて、国内法上に於ける国家の統治権が種々の点に於て制限せらるる」（美濃部一九二一、三二一頁）ことはありうる。しかし「之を以て日本の憲法に抵触するものとするのは決して正当の見解でない」。なぜならば「此等の総ての制限は何れも法律上天皇の意思に出づるものであつて、即ち大権の自ら加ふる所の制限に外ならぬのであるから」である（美濃部一九二一、三二五頁）。これが師ゲオルグ・イエリネックから受け継いだ、美濃部の主権の自己制限論であった。

確かにこの主権の自己制限論に立てば、他者、とりわけ国際社会から加えられる制限を、自らの意思で受け入れることによって、それを自らの国家意思に切り替えることができる。しかもそれは、当然のこととして自然人である君主の自発性から生まれた意思とは異なる。君主の意思とは別個の、団体としての国家それ自体の意思の実在を確認することができるのである。

ならば美濃部憲法学説を、大日本帝国憲法の正当な解釈学説に位置づけることさえできれば、天皇の意思を超越する国家意思の存在を想定し、天皇親政原理故に四分五裂を繰り返す憲法諸機関を、改めてその下に統合し直すこともできるはずであった。

かくて、二個師団増設問題が起こり、最後は大正政変に突き進む形で、大日本帝国憲法体制の欠陥からくる国家権力の四分五裂状態が明瞭となった瞬間以降、この国は、それを克服するために、一方で政党政治を志向するとともに、他方この美濃部憲法学説的解釈改憲を選択したのである。一九一二年に美濃部が『憲法講話』を出版するや、それを国体に悖る異説として排斥する、穂積八束や上杉慎吉の激しい非難、攻撃が沸き起こるが（天皇機関説論争）、それこそがその選択の証明であった。

しかも興味深いのは美濃部憲法学説は、議会制民主主義との親和性を、必ずしも持たない学説であったということである。他からの制限を自己制限として受け入れることによって国家意思が形成されるのであれば、国家意思の形成に、議会や政党は必ずしも必要ない。だから、五・一五事件が起こり、政党内閣が潰え去っても、美濃部憲法学説自体は健在であり続けた。美濃部自身、その時、むしろ「代議制の国家の本質に関する旧来の自由主義の思想は、仮令其の中に貴重な倫理的の価値を含んで居るにしても、之を再び貫徹することは望み難い。それであるから政党国家を離るる為には大衆的民主政治から脱出するか又は之に打勝つの外はない」（美濃部一九三四②、二八頁）などと政党内閣批判、議会制民主主義批判の先頭に立っていた。そして斎藤実・岡田啓介の二代の挙国一致内閣の下で、四分五裂した権力諸機関の統合のための学説という、彼の学説の長所を活かし、「各政党の首領、軍部の主脳者、実業界の代表者、勤労階級の代表者等を集めた円卓巨頭会議」（「非常時日本の政治機構」美濃部一九三四③、三八頁）の実現に奔走していたのである。そしてそれが実って一九三五年五月には、内閣審議会と内閣調査局（後の企画院）の設置に漕ぎ着けた。

しかしそのときになって突然の悲劇が彼を襲った。国体明徴事件（天皇機関説事件）が起こり、政治的にも、学問的にも、彼は一旦葬り去られてしまったのである。

三、「新官僚」「革新官僚」の台頭

さてそれでは本質的に権力の四分五裂を招く構造をもつ大日本帝国憲法体制下にあって、政党政治や美濃部憲法学説に基づく国家統合は、成功裡に進んだのだろうか。一応は進んだ。一九二一年一一月東京駅頭で

米騒動・大阪で市民大会開催
（1918年8月11日夜、天王寺公会堂）
提供／毎日新聞社

原敬が暗殺されると、一旦政党政治は途切れるが、一九二四年におきた第二次護憲運動をきっかけに加藤高明護憲三派（憲政会・立憲政友会・革新倶楽部）内閣が誕生すると、それから一九三二年五月に五・一五事件がおきて犬養毅政友会内閣が倒壊するまで、約八年にわたって政党政治が続いた。その間、立憲政友会と立憲民政党が交互に政権を担当する政治的慣習も成立し、「憲政の常道」といえば政党政治のことを指すまでになった。当然美濃部憲法学も正統派憲法学として定着した。

しかし見方を変えると、政党政治はわずか八年しか続かなかった。美濃部憲法学も、一九三五年に国体明徴事件（天皇機関説事件）がおきると、あっという間に正統の座を追われてしまった。ではそれは何故だったのか。

そこで大事なことは、この国において政党内閣を誕生させた最大の力は、一九一八年夏に起きた米騒動の衝撃であったという事実である。それがなければ寺内正毅「ビリケン」内閣が倒れることはなかったし、「平民宰相」原が登場することもなかった。明治維新のとき、そして「明治一四年」のときと同様、再び集会する民衆（「人民の集会」）が頭をもたげたのである。日露戦後の日比谷焼打事件（日露講話反対運動）のとき、第一次護憲運動のときと同様、「大衆」のエネルギーが爆発した。

しかも米騒動は一過性の暴動で終わることなく、様々な社会運動の出発点となった。一九一二年に、鈴木文治らによって労働者の相互扶助組織として結成された友愛会が、米騒動をきっかけに、一九一九年には日本労働総同盟友愛会に、一九二一年には日本労働総同盟に発展した。本格的な労働組合運動へと発展した。労働争議への関与も強め、一九二一年には、三万人の労働者が、四五日間わたって神戸市全域を一種のゼネスト状態に陥れた、神戸三菱・川崎造船所争議なども指導した。当初は重工業大経営に浸透し、やがて中小企業に広がっていった。当然労働組合運動だけではなかった。一九一九年には新婦人協会が、一九二二年には日本農民組合や全国水平社が結成された。

しかし政党政治は、その自らの誕生のきっかけとなった、「大衆」のエネルギーを自らの政治基盤に組み入れることに失敗したのである。米騒動の直接の影響を受けて誕生した原内閣は、一九二〇年の第四一帝国議会に衆議院選挙法改正案を提出するが、そのとき労働運動をはじめ様々な社会運動に立ち上がりつつあった人々は、普通選挙法の実現を強く望んだ。普通選挙法要求運動（普選運動）が各地で展開された。しかし原内閣は、有権者資格の納税額を直接国税一〇円以上から三円以上に改めただけで、その普選要求には応えようとしなかった。それよりも小選挙区制を導入し、来るべき衆議院選挙に圧勝し、「大政友会」を実現することに腐心したのである（松尾一九八九）。

そしてその結果、普通選挙法制定への期待は一挙に減退していった。層として生まれつつあった社会運動家たちは、以後、普選運動にほとんど関心を示さなくなり、アナーキズム（無政府主義）やサンディカリズム（労働組合主義）や、さらにはボルシェビズム（ソ連型共産主義）といった、より急進的な社会運動思想にとらわれるようになっていった。一九二四年に第二次護憲運動が起こり、運動を主導した憲政会などが、普通選挙法の実現をスローガンに掲げても、それに呼応する社会運動家はほとんど現れなかった。

さすがに普通選挙法が制定され、一九二八年に第一回普通選挙（第一六回衆議院議員選挙）が実施される段階になると、従来三百万人程度だった有権者が千三百万人弱にまで膨らんだことをきっかけに、反議会主義に凝り固まっていた社会運動家たちも、遅ればせながら無産政党の組織化に乗り出したが、結果は労働農民党（左派）・日本労農党（中間派）・社会民衆党（右派）の三党を合わせても、わずか八議席しか獲得できない惨敗に終わった。

結局この国においては、米騒動で顕在化した「大衆」のエネルギーを政党政治の基盤に組み入れようとする勢力が、既成政党の側からも、社会運動家たちの側からも現れなかったのである。イギリスの労働党や、ドイツの社会民主党や、フランスの社会党のような社会民主主義政党を生み出す動きは希薄であった。

ではそのエネルギーは、ただ体制外に放置され、過激社会運動取締法（一九二二年）や治安維持法（一九二五年）の取り締まりの対象としてのみ扱われたのかというと、それはそうではなかった。

政党がそのエネルギーを吸収できないのなら、代わって官僚が吸収した。内務省は、一九二〇年にまず内局として、次いで一九二二年に外局として社会局（一九三七年には厚生省に発展）を設置し、実現はしなかったが労働組合法を立案するなど、種々の労働法制や社会政策の立案・実施に取り組んだ。また世界恐慌のあおりを受けて一九三〇年に昭和恐慌が起きると、今度は農林官僚が中心となって恐慌に苦しむ農村を救済すべく、農山漁村経済厚生運動に取り組んだ。

そしてそうした取り組みの中から、「貧困問題」や「農村問題」など、あらゆる社会問題の原因を、自由主義経済の歪みに求め、社会主義を目指すわけではないが、統制経済の実現によりそれらを是正していこうとする一群の官僚たちが現れた。当初は新官僚と呼ばれ、後に革新官僚と呼ばれた人々であった。その新官僚や革新官僚たちが、貧困からの解放をうったえる「大衆」のエネルギーを、ある意味で吸収したのである。

そしてそれは政党にはできなかったことであった。当然彼らは政党政治に対して批判的になった。故に五・一五事件が起こり、犬養毅首相が殺され、政党政治が暴力的に葬り去られて、斉藤実と岡田啓介の二代にわたる挙国一致内閣が生まれたとき、彼らは活躍の機会を得た。後藤文夫（農林）や広田弘毅（外務）が、まずは最初の代表者たちであった。

彼らの台頭が、政党政治を消滅に追いやったのである。

四、日露戦後という矛盾

さて、政党政治や美濃部憲法学を崩壊に導いたもう一つの力は、いうまでもなく「国家改造」を求めた軍部であった。ではなぜ軍部は「国家改造」運動などにのめり込んでしまったのだろうか。政党政治期、強行外交と協調外交の間を揺れうごいた、日本外交の行き詰まりが原因であった。

そこで、少し飛ぶようだが、みておかなくてはならないのは、一九世紀と二〇世紀の国際社会のあり方の違いである。日本が明治維新を迎えた頃、世界は、文明国と認定された国だけが独立を保つことを許され、未開国や野蛮国のレッテルを貼られた国は、植民地か半植民地になるしかない国際ルールの中で生きていた。

だから不平等条約体制から脱却し完全な独立国になるために、明治維新後の日本は、法典の編纂を急ぐなど、文明国としての体裁を整えるのに必死になったのである。鹿鳴館における連夜の舞踏会の開催など、涙ぐましい努力もしたのである。

しかし一九世紀の後半、日本が日清戦争に勝利した頃から、明かに世界のルールが変わった。民族の実態があれば、如何なる国も独立国になれるというルールが動き始めたのである。後に民族自決権といわれる考え方の成立であった。

その考え方は、世界史的には、第一次大戦後アメリカ大統領ウィルソンが提起した、一四箇条の提案の中で初めて登場したかに捉えられている。しかし東アジアにおいてはもっと早くに登場していた。日清戦争後、清国の弱体ぶりを目の当たりにして、西欧列強による中国分割が加速するが、それに一人反対したアメリカが、国務大臣ジョン・ヘイの名において、一八九九年と一九〇〇年の二度にわたって門戸開放宣言をだし、如何なる国も中国に対して領土的野心を抱いてはならないとしたときが、その登場のときであった。

したがって日露戦争は、その新しい国際ルールの中で戦われた最初の戦争となった。ロシアの満州への南下に対して、アメリカは門戸開放の原則を守るために断固として反対し、日本に連携を求めてきた。そして日本もそれに応えた。

ただし思惑にはズレがあった。確かに日本も、アメリカが提唱する、門戸開放の原則に、基本的には賛成であった。というのも、その考え方を確立しつつあったアメリカの支援があればこそ、日英通商航海条約を締結して治外法権を撤廃することにも成功したし、日清戦争にも勝てたからであった。

一八九四年一〇月二三日に、イギリス政府から、日清講和仲介の申し出があったとき、第二次伊藤博文内閣の外務大臣陸奥宗光は、それをけんもほろろに断っている。ところがその直後の一一月六日に、今度はアメリカ政府から同様の申し出があると、「あたかもさきに英国に回答したる如く、暫く日本の確答を遅延するに若かず」と、一度は躊躇したが、結局は次のように考え直し、それを受け入れたのである。

されぱとて日清の戦争は無期限に継続すべきものに非ず。早晩講話開談の機熟する時節来るに及び、敢えて第三国の儼然たる仲裁を必要せざれども、いずれの一国か居中周旋の労を執り、特に彼我の意見を互換すべき、機関と成る者あるはすこぶる便利なるべく、而してこの機関を託するは米国より善きはなしと思いたり。(『蹇蹇録』二一六〜二一七頁)

日清戦争の段階にあって、日本が如何にアメリカに強く依存していたかがわかる。そしてその強依存があればこそ、もう一度繰り返すが、条約改正にも成功し、日清戦争にも勝てたのである。

一八九四年七月一六日にようやく日英通商航海条約の調印にこぎつけた直後の七月二一日、清国政府の依頼を受けたイギリス政府が、日清開戦の回避を日本政府に勧告してきたとき、陸奥は「英国政府の決心は露国政府の決心よりも堅からざるを信」じ、いとも簡単にそれを断っている。そしてその後のイギリス政府の対応を見て、次のような感想を漏らしていたのである。

この回答に対しては、英国政府は復何らの異言もなく、俗にいわゆる泣寝入りの姿となりて止みたり。(『蹇蹇録』九三〜九五頁)

これが、ついこの間、大国イギリスに、治外法権の撤廃を呑んでもらった小国日本の外務大臣の態度かと思えるほど、傲慢な態度であった。ではこの傲慢さを支えたものは何だったのか。日英通商条約の締結に際しても、もしイギリスが治外法権の撤廃に応じなければ、アメリカとの交渉を先行させればいいと考えうる、新たな国際環境の成立であった。それはいうまでもなく、東アジアにおけるアメリカの影響力の増大であり、それに伴って生まれつつあった民族自決の原則に基づく新たな国際秩序の形成であった。そしてアメリカにとって日本は、その新しい国際秩序が有効に機能するかどうかを占う、資金石のような国であった。一八七五年以降、非キリスト教国を、国際社会の正規の構成員として迎えることの是非について論じてきた万国公法学会が、一八九二年に大日本帝国憲法の起草者の一人金子堅太郎をゲストに招いたことなどは、そのことを示している（小路田一九九七）。

だから逆に、日本に、門戸開放の原則に反するからという理由でのロシアの満州からの排除をうたうアメリカの申し出に争う余地はなかった。イギリスはアメリカに同調しなかったが、日本は同調した。

しかし日本にはロシアとの対立を深めていくもう一つの動機があった。それは朝鮮半島における権益の確保という動機であった。第一次山県有朋内閣以来日本は、「主権線」と「利益線」という言葉を用いて、朝鮮半島を「利益線」の内側に取り込もうと躍起になっていた。だから日本には、逆に朝鮮半島の権益さえ確保できれば、ロシアの満州支配は認めてもいいとする考え方さえあった。満韓交換論（ロシアは満州を、日本は朝鮮を）である。しかしアメリカの手前、それは公然とはいい出せなかった。そしてそれを公然といい出せない以上、ロシア側が求めてくる妥協案は、朝鮮半島の南北分割案にならざるをえなかった。しかしそれは日本側が呑めなかった。

かくて日本は、東アジアに民族自決権に基づく新たな国際秩序を打ち立てようとするアメリカの最良の同盟者たらんとする動機と、朝鮮半島を自らの「利益線」の内側に取り込み、帝国主義国としての将来の発展を期そうとする動機の、二つの動機をあわせもちながら、日露開戦に踏み切ったのである。

しかしそれが戦後大きな災をもたらした。日本はかろうじて勝ち、アメリカの仲介を受け入れてポーツマス講和条約を結んだが、その瞬間から今度はアメリカの巨大な圧力の前に怯えなくてはならなくなったのである。民族自決の原則に基づく新たな国際秩序を東アジアに打ち立てようとする目的からして当然のことだが、アメリカは、日本の朝鮮に対する優越権までは認めても、ロシアに代わって日本が満州の覇者になることには反対した。ロシアに対してと同様、日本に対しても満州の門戸開放を求めたのである。鉄道王ハリマンを使って、南満州鉄道株式会社（満鉄）の共同経営を持ちかけてきたのもそのためであった。

しかし、もともと帝国主義国としての発展を夢見ていた日本にとっては、朝鮮に対する優越権の確保だけで満足して、一〇万人の将兵の血であがなった満州を、ただ手放すことはできなかった。ロシアから引き継いだ遼東半島（旅順・大連）の租借権と、長春以南の東清鉄道（満鉄）の経営権の確保は、日本にとって譲れない一線となった。しかしその確保に固執したことで、日本はアメリカの逆鱗に触れたのである。

そして一九〇八年、アメリカは、戦艦一六隻からなる大艦隊（大西洋艦隊）を、世界一周を名目に、日本に送り込んできた（白船事件）。アメリカ戦艦一六隻と日本軍艦一六隻が横浜港で四列に並ぶ姿は、日本の支配層に戦慄を覚えさせた。圧倒的な戦力差が可視化される形となったからである。その光景はパナマ運河が開通（一九一四年に開通）した暁には何が起こるかを想像させるのに十分だった。日米開戦近しなどといった誇張された噂さえ流れた。夏目漱石が『三四郎』を執筆し、日露の戦勝に酔う日本の滅亡を予想したのも、この頃のことであった。

当然日本も迅速に対応した。アメリカ艦隊がやってくる前の年には、帝国国防方針を改定し、アメリカを仮想敵国の第一にあげた。また艦隊がやってきた翌年には、渋沢栄一を団長とする渡米実業団を派遣し、民間の力を借りて日米融和をはかった。さらには東京市長尾崎行雄が、偶然を装ってワシントンＤＣ（ポトマック河畔）に桜の木を送るといった、涙ぐましい努力も行った。

五、積極外交と協調外交のはざまで

日本がロシアの満州南下を食い止めたことで、欧米列強から未開国・野蛮国のレッテルを貼られた国は植民地化されるしかなかったイギリス主導の国際秩序から、民族自決の原則に基づき全ての国が独立国になる可能性を秘めるアメリカ主導の新たな国際秩序への移行が、一挙に加速されることとなった。日本の勝利に励まされ、日本の周辺でも、中国革命同盟会が生まれ、インド国民会議が生まれた。中国革命同盟会にいたっては東京で生まれた。

しかし日露戦争に勝ち、従来の台湾に加え、朝鮮・満州をも支配下におさめた結果、肝心の日本は、逆に、その新しい国際秩序形成のリーディングカントリーであり続けることができなくなった。むしろ植民地帝国として、その形成を阻止する側に回り、その新秩序の形成者たちと、激しく争うこととなっていった。第一次世界大戦の勃発を「天祐」と捉え、中国の袁世凱政権に対して対華二一ヶ条要求を突きつけ、どうにかそれを呑ませてはみたものの、大戦が終結に向かうと、今度はそれが仇となり、激しい反日運動（五・四運動）に直面することになった。しかも一九二一年から翌年にかけて開かれたワシントン（軍縮）会議においては、その新しい国際秩序をリードするアメリカの圧力を受け、大戦中獲得した山東半島権益の放棄を、余儀なくされてしまった（九カ国条約）。しかもそれだけではなかった。足元の朝鮮においても一九一九年三月、三・

一独立運動が起き、民族独立に向けての機運が高まった。

日本は、日露戦争に勝利することで、返って、自らが切り開いた民族自決の原則に基礎をおく新たな国際秩序に自らが首を絞められるという、パラドクスに陥ってしまったのである。そしてそのパラドクスの中で、その新たな国際秩序の守り手として生きるべきか、他の列強同様、植民地帝国として、それを阻止する側に回るべきか、迷いに迷うことになったのである。

しかも、日本が自ら火をつけた五・四運動のうねりは、やがて国共合作の動きとなり、北伐へと発展した。中国の国家としての統一を一挙に加速したのである。その中で、その迷いは、一方で田中義一立憲政友会内閣の積極外交路線となり、他方で、立憲民政党内閣で外務大臣を務めた幣原喜重郎率いる協調外交路線となって、日本外交を翻弄した。

ただことはそれに止まらなかった。事態はより深刻な方向へと向かった。民族自決の原則という考え方が、如何なる国家を生み出すかが、急速に鮮明になってきたからであった。

日清戦争に敗北した後、清国は、戊戌の変法（一八九八年）と呼ばれる、近代化のための改革に着手するが、それを担った康有為や梁啓超の考えた近代化とは、日本の明治維新に範をとり、人々に国民としての自覚を促しながら、立憲政体を樹立するということであった。どこまでも国民の選挙に基づく議会を立ち上げ、それを国民統合の要に据えることであった。当然そのための人権の確立も、その近代化には含まれていた。

しかし革命家孫文が登場すると、その近代化の中身が変わった。「漢民族」の存在を前提に、誰から選ばれたのでもない、自ら進んでその代表を自認した人たち（＝前衛）が、内部規律の強固な党首独裁型の政党（国民党）を結成し、その結束力を背景に、国民を上から指導して社会の近代化、国家の統一を実現していくというのが、その中身となった。だから孫文は「滅満興漢」をスローガンにした。長く異民族支配の中で生きてきた中国を、漢民族の民族国家につくり替えるためであった。それができれば、孫文の考えは合理性を獲得し、始動することができるからであった。

民族自決という考え方は、国家を人々の合意（契約）の上に打ち立てるのではなく、民族という集団の実在の上に打ち立てる考え方であった。当然民族なる集団に、自然人同様の意思など存在しないから、その意思を求めようとすれば、結局はその民族に属する誰かの意思にそれを代弁させるしかないが、その誰かの選択の仕方には、千差万別があった。伝統に基づく方法もあれば、誰かが僭称するという方法もあった。当然選挙に基づくという方法もあった。そして孫文の考えた前衛党的政党に代表させるという方法もあった。

ただその中で、孫文の考えた、その誰かを、民族の実在を前提に、進んでその代表を自認する人たちの結成する政党に求めるという考え方は、二〇世紀に入り、とりわけ第一次大戦後、極めて有力な考え方になりつつあった。イタリアやドイツで生まれたファシズムやナチズムがそれであったし、ロシアで生まれたボルシェビズムがそれであった。何れも強烈な民族主義――特にナチズムの場合はアーリア人至上主義・反ユダヤ主義――を前提にしていた。ボルシェビズムは一見、インターナショナリズムであって民族主義とは無縁のようにも見えるが、スターリン指導下のボルシェビズムはロシア民族主義と融合・一体化していった。

一九二〇年代から三〇年代は、憲法の番人であるはずの美濃部達吉でさえ、「代議制の国家の本質に関する旧来の自由主義の思想は、仮令其の中に貴重な倫理的の価値を含んで居るにしても、之を再び貫徹することは望み難い。それであるから政党国家を離るる為には大衆的民主政治から脱出するか又は之に打勝つの外はない」（美濃部一九三四②、二八頁）と述べるほど、「代議制」や「大衆的民主政治」の非合理性がいわれた時代であった。逆にいうと日本では「新官僚」や「革新官僚」と呼ばれた、「専門家」の強いリーダーシップが求められた時代であった。ソ連における第一次五カ年計画（一九二八年〜一九三二年）の成功は、それを世界に印象づけた。

その世界のトレンドを孫文率いる中国（中華民国）は先取りしたのである。民族自決の原則というものが如何なる国家を生み出すか、その最初の事例を示したのである。

そしてそれは日本にとって、自らとは全く原理の違う、「将来の大国」の誕生を意味した。当然敏感なこの国のエリートたちは、それを脅威と感じた。代表的な人物をあげれば北一輝である。彼は中国に渡り、自ら中国革命に身を投じることによって、逆に議院内閣制論者宋教仁が、一党独裁論者孫文によって葬り去られていく有様を、具に目の当たりにし、盟友宋教仁を死に追いやった孫文――少なくとも北は宋教仁暗殺の犯人を袁世凱ではなく孫文と考えていた――に対する激しい憎悪を抱きながら、同時に、日本もまた「代議制」や「大衆的民主政治」の弊害を克服して、より強い政治的リーダーシップのある国家にならなくてはならないと考え、まずは上海で『国家改造法案原理大綱』（一九一九年）を著し、帰国するや猶存社の結成にも参加、国家改造運動に取り組んだのである。そしてそのための指針として改めて『日本改造法案大綱』（一九二三年）を著した（八ヶ代二〇一七）。

そしてその北の国家改造運動に、多くの軍人が共鳴したのである。二・二六事件に立ち上がった陸軍青年将校たちにとって『日本改造法案大綱』は、まさにバイブルであった。だから事件後、事件とは無関係であったにもかかわらず北は、門下の西田税と共に、事件に連座させられ処刑されたのである。

ということは、一九二〇年代から三〇年代にかけての日本は、日露戦争の勝利が生み落としたパラドクスに、ただ苦悩していたのではなかった。自らもその形成に加担した民族自決の原則という新たな国際秩序が生み出す新しいタイプの国家、しかも潜在的に巨大な力を秘めた大国にどう対応していくか、それに苦悩していたのである。

　とりあえずは、その発展の芽をつむ方向に動いた。当然その尖兵は、ことの性質上軍部であった。彼らは協調外交路線を捨て、中国革命の進展に積極的に介入する方向に進んだ。

　一九二七年には、北伐を食い止めるために山東半島に出兵し、それがかなわないとなると、一九二八年には、今度は関東軍が、張作霖爆殺事件（満州某重大事件）をひき起こし、満州の中国本土からの切り離しを試みた。そして一九三一年九月一八日、再び関東軍が謀略事件柳条湖事件をひき起こし、政府の不拡大方針を尻目に、戦火を満州一円に拡大、日本全体を満州事変にひきずりこんだ。

　当然この動きに政府は困惑し、若槻礼次郎民政党内閣のみならず、その後を継いだ犬養毅政友会内閣も、あたうならば事変不拡大の方向に舵を切ろうとした。しかしそれに対しては、ロンドン海軍軍縮条約に際して、補助艦（巡洋艦・駆逐艦他）の制限に激しく反発し、海軍軍令部（加藤寛治軍令部長）を中心に、条約調印を統帥権干犯だと批判する一大キャンペーンをはった海軍の青年将校たちが立ち上がった。彼らは一九三二年五月一五日、犬養首相を首相官邸に襲い、殺害。ついでに政党政治も葬り去ってしまったのである。中国革命への積極的介入を目指す人たちは、政府全体をその方向に導くのではなく、統帥権の独立（＝天皇親政）を盾に、軍部が暴走する形でそれをおこなおうとした。となるとそれは、国家統治の四分五裂を克服し、統治の一元化を目指す政党政治とは、全く相容れない方向性ということになった。故に彼らは、最後は政党政治の破壊にまで行きついたのである。

しかも彼らは政党政治を破壊しただけではなかった。美濃部学説的憲法解釈をも破壊した。美濃部憲法学説の中核をなす、主権の自己制限論という考え方は、国際連盟が誕生したとき、美濃部が「連盟に加はることに依りて、国内法上に於ける国家の統治権が種々の点に於て制限せらるる」ことはありうる、しかし「之を以て日本の憲法に抵触するものとするのは決して正当の見解でない」、なぜならば「此等の総ての制限は何れも法律上天皇の意思に出づるものであつて、即ち大権の自ら加ふる所の制限に外ならぬのであるから」（美濃部一九二一、三二一～三二五頁）であると述べたように、日本の主権を、事実上国際社会の理性に委ねる考え方であった。しかし満州事変が起き、傀儡国家満洲国が誕生し、日本が国際連盟からの脱退を決意したとき、その考え方が成り立つ環境は既に失われていたのである。かくて一九三五年、突如国体明徴事件が起き、美濃部は政界と学界から追放されたのである。

第八章

敗戦と再生

一、世界最終戦という発想

こうして、天皇親政原理をとるが故に、大日本帝国憲法体制の抱えた四分五裂の危機を乗り越える方法は、一九三〇年代前半、ことごとく破綻した。後は天皇が実際に親政を行うしかその危機を回避する方法はなかったが、天皇がそれを頑なに拒んだことは、既にみてきた通りである。

ならば満州事変が、それをひき起こした人たちの思惑を越えて拡大し、やがて盧溝橋事件（一九三七年七月七日）をきっかけに日中全面戦争に発展したとき、この国は、もはや滅びるしかない苦境に立たされていたのである。一九三八年には国家総動員法が制定され、戦争は早くも総力戦の様相を呈し始めるが、総力戦を戦うのに必要な国家諸権力の高度な統合が、掛け声はあっても、実現されなかったからであった。陸軍と海軍の共同作戦さえまともに行えない状況が、一九四五年八月まで続いた。

ではそうした中で、この国が生き残る方法は。皮肉なことにそれを示したのは、満州事変の引き金を引いた石原莞爾の描いた世界最終戦論であった。

それは来るべき戦争を、いわゆる総力戦とは考えずに、次のように航空兵力中心の「一度あたると何万人もがペチャンコにやられるところの、私どもには想像もされないような大威力の」「破壊の兵器」による殲滅戦と考える戦争論であった。当然その「破壊の兵器」とは核兵器のことであるから、それを、航空兵力と核兵器を用いた殲滅戦と予測する戦争論であった。

一番遠い太平洋を挟んで空軍による決戦が行われる時が、人類最後の一大決勝戦の時であります。即ち無着陸で世界をぐるぐる廻れるような飛行機ができる時代であります。それから破壊の兵器も今度の欧州大戦で使っているようなものでは、まだ問題になりません。もっと徹底的な、一度あたると何万人もがペチャンコにやられるところの、私どもには想像もされないような大威力のものができねばなりません。飛行機は無着陸でグルグル廻る。しかも破壊兵器は最も新鋭なもの、例えば今日戦争になって次の朝、夜が開けて見ると敵国の首府や主要都市は徹底的に破壊されている。その代わり大阪も、東京も、北京も、上海も、廃墟になっておりましょう。すべてが吹き飛んでしまう……。それぐらいの破壊力のものであろうと思います。そうなると戦争は短期間に終わる。（中略）このような決戦兵器を創造して、その惨状にどこまで堪え得る者が最後の優者であります。（石原一九七二、二七〜二八頁）

ちなみに人類が、核兵器の出現を予測し始めたのは、第一次世界大戦が始まった一九一四年にSF作家ハーバート・ジョージ・ウェルズが『解放された日々』を出版し、大きな反響を呼んだときのことであるから、石原莞爾が核兵器の出現を予感していても決しておかしくはなかった（加藤哲郎二〇一五）。

そしてその殲滅戦の結果を、彼は次のように予測した。

一つは、その結果「世界の一地方を根拠とする武力」、即ち核を独占する超大国の武力が、「全世界の至るところに対し迅速にその威力を発揮し、抵抗するものを屈服し得るように」（石原一九七二、二六頁）なるから、恒久平和が実現するだろうと。だからそれは人類最後の戦争、すなわち世界最終戦だとしたのである。

今一つは、あまりに惨たらしい戦争の結果起こることなので、誰もそれを予想したがらないが、戦争によって飛躍的に発展した科学技術や生産力が、戦後世界に巨大な繁栄をもたらし、「持てる者」と「持たざる者」（石原一九七二、四二頁）の対立さえ地球上から一掃することになるだろうと。

「持てる者」と「持たざる者」の対立が地球上から一掃されることこそなかったが、第二次世界大戦後の世界を知る者の目からみて、あまりに見事な予測であった。そしてこの予測が彼の思考と行動を規定した。

まず彼はこの予測に立って、来るべき世界最終戦に備えるために、一九三一年九月一八日、柳条湖事件をひき起こし、満州事変を始めた。アメリカが世界恐慌の対応に追われ、ソ連が革命の混乱から抜け出しきれていないうちに、満州を占領し、満州を開発することによって、世界最終戦を戦い抜くことのできる、高い技術力と生産力を手に入れようとしたのである。

そして、自らの目論見に反し、軍部が、戦争を満州事変にとどめず、日中全面戦争にまで拡大したとき、考え方を次のように改めたのである。


世界の残された最後の選手権を持つ者が、最も真面目に最も真剣に戦って、その勝負によって初めて世界統一の指導原理が確立されるでしょう。だから数十年後に迎えなくてはならないと私たちが考えている戦争は、全人類の永遠の平和を実現するための、やむを得ない大犠牲であります。われわれが仮にヨーロッパ組とか、あるいは米州の組と決勝戦をやることになっても、断じて、かれらを憎み、かれらと利害を争うものでありません。恐るべき残虐行為が行なわれるのですが、根本の精神は武道大会に両方の選士が出て来て一生懸命にやるのと同じことであります。人類文明の帰着点は、われわれが全能力を発揮して正しく堂々と争うことによって、神の審判を受けるのです。（石原一九七二、五四～五五頁）

日本が世界最終戦の覇者になることを諦め、最終戦を戦うこと自体の目的化をはかったのである。

世界最終戦は、他の戦争と異なり、勝つ側にとっても、負ける側にとっても正義の戦争である。それは、人類が恒久平和と、無限の繁栄をかちとるためには、どうしても潜らなくてはならない戦争であり、それを現出させるためには、勝者・敗者共に死力を尽くして戦うことが不可欠だったからである。要は、勝者になろうと、敗者になろうと、「武道大会」の如く、敵味方共に徹底的に戦い、航空兵力と核兵器による殲滅戦を、この地上に現出させること自体が目的の戦争なのである。

こう考え、彼は、負けを承知で、「一度あたると何万人もがペチャンコにやられるところの」「破壊の兵器」によって日本が焦土と化することも覚悟の上で、最後まで全力で戦い抜くことを、正当化したのである。

そしてその戦いが終われば、必ず「世界の一地方を根拠とする武力」、即ち核独占を実現した超大国アメリカの武力を背景に、人類の理想、恒久平和が実現し、日本もまたその――パクスアメリカーナの――中で適切なポジションを占め、永遠の繁栄を謳歌することができるとしたのである。

確かにこの予測に従えば、あえて無謀な戦争に突っ込んでいくことによって、却って日本には生き残りのチャンスが生まれるということになる。負けを承知で開戦の決断を下したことを、「国家、民族の為に私が是なりと信んずる所に依て、事を裁いた」、そして「私の考は正しかつた」と総括した昭和天皇の判断にも、一定の正当性が生まれてくるのである。そういえば気になるのは、二・二六事件への対応をめぐって、奇妙に昭和天皇が、石原莞爾に共感を覚えていたことである。『独白録』には次のようにあった。

参謀本部の石原完〔莞〕爾〔作戦部長〕からも町尻〔量基〕武官を通じ討伐命令を出して戴き度いと云つて来た、一体石原といふ人間はどんな人間なのか、よく判らない、満州事件の張本人であり乍らこの時の態度は正当なものであつた。（『昭和天皇独白録』三二頁）

原爆の父、仁科芳雄と中曽根康弘

……前述の通り今日の国際情勢から推して、そんな方法のみによつて科学の成果を戦争に利用せぬようにすることは不可能であろう。そこで考えられることは、寧ろ科学の画期的進歩により、更に威力の大きな原子爆弾またはこれに匹敵する武器をつくり、若し戦争が起つた場合には、広島、長崎とは桁違いの大きな被害を生ずることを世界に周知させるのである。……若し現在よりも比較にならぬ強力な原子爆弾ができたことを世界の民衆が熟知し、且つその威力を示す実験を見たならば、戦争廃棄の声は一斉に昂まるであろう。(「原子力と平和」(『仁科芳雄遺稿集　原子力と私』学風書院))

仁科芳雄といえば、戦前期は日本の核兵器開発に携わったが、戦後はその反省から、日本学術会議を立ち上げ、科学が戦争に利用されることを厳しく戒めた人物との評価が定着した人物であるが、これが実はその仁科の、一九四九年段階における平和論だったのである。ビキニ水爆実験に向かって進むアメリカの核開発を全面的にサポートする立場からの平和論であった。そして日本は核の平和利用の分野を分担することで、そのアメリカの核開発を補完していこうとしていたのである。

ただこれには当然前段があった。そもそも、戦争に負けたからといって仁科は核開発を中断しようとはしなかった。あれこれと理由をつけて——ある意味では詭弁を弄して——それを継続しようとしていた。そして重要なことは、アメリカも詭弁と知りながら、それを黙認していたことである。一九四六年アメリカはハリー・C・ケリーなる物理学の素養のある人物を、GHQ経済科学局の職員の名目のもと、日本に送り込み、日本の核開発能力の調査にあたらせているが、その結論は次の二つであった。

一つは、日本は理論物理学の分野においては優れているが、実験科学の分野においてはアメリカ合衆国に劣る。二つ目は、アメリカ合衆国による日本人科学者の利用は積極的に行うべきであり、まずは京都帝国大学教授湯川秀樹をアメリカに迎えるべきである。この二つであった。日本の物理学者の採点表までつくっている。だからアメリカは仁科を利用し、仁科もアメリカを利用したのである。

そして一九四八年から四九年にかけての時期、その仁科とアメリカの蜜月を、隠す必要がなくなったのである。中華人民共和国が誕生（一九四九年）し、米ソ冷戦が本格化し、逆に対日占領政策を考える上で、アメリカがソ連に遠慮する必要がなくなったからであった。だから冒頭のような仁科の発言も生まれたのである。

そして湯川は予定通りプリンストンの高等研究所に迎えられ、仁科もアメリカを歴訪した。また一九四九年には、日本学術会議が組織され、ケリーら（GHQ）の全面的な協力の下、日本学術会議が組織され、原子力研究（核開発）を進めるための制度的枠組みと指針（原子力研究三原則）が定められた。

ただ、広島・長崎を経験した敗戦国日本においては、たとえ平和利用という名目の下ではあっても、原子力研究や核開発を積極的に進めることには、抵抗があった。そしてその抵抗が大きすぎて、日本学術会議の力によっては、それを取り除くことができなくなってしまっていた。しかも最大の研究・開発の推進者仁科の寿命が一九五一年一月一〇日に尽きた。被爆直後の広島に飛び、放射線を浴びたことが原因だったとも言われている。

ならば仁科の遺志を継ぐ者が現れなくてはならなかった。それが中曽根康弘であった。

彼は、アイゼンハワーアメリカ大統領が、一方で国連で「平和のための核」演説（一八五三年一二月八日）を行い核の平和利用に道を開くとともに、他方、一九五四年三月一日、南太平洋ビキニ環礁において世界最初の水爆実験を強行し、核軍拡競争を新たな段階に進めた、まさにそのタイミングをとらえて、実験の翌日、正力松太郎らと共に、原子力予算案二億三五〇〇万円（ウラン235に因んだ数字）を衆議院に緊急上程したのである。まさに「若し現在よりも比較にならぬ強力な原子爆弾ができたことを世界の民衆が熟知し、且つその威力を示す実験を見たならば、戦争廃棄の声は一斉に昂まるであろう」との、仁科譲りの淡い期待の下、核の平和利用に向けて一挙に舵を切ったのである。そして日本の原子力研究と核開発は、このときに中曽根が弾いた路線に沿って、一九五六年に設立される科学技術庁を中心に、その後進められていくことになったのである。

しかも中曽根は仁科と違い現実的政治家であった。再軍備論（保守）と非武装中立論（革新）の間で揺れる日本の政治に、安全保障上の暗黙の合意を持ち込み、それを安定した二大政党制に導くために、原子力の平和利用を使おうと考えたのである。平和利用であれば革新の側も表立って反対はしない。それどころか積極的に賛成する。しかし実際は、それは、アメリカの核戦略を補完することも含めて、日本が潜在的核保有国になることを意味する。それを承知の上で、黙契として、平和利用への革新派の合意を取り付けることができれば、表向きはどれほど再軍備論と非武装中立論で争っていても、保守と革新の間に、根本的な安全保障上の対立はなくなる。二大政党制は実現可能になるのである。

この方向を彼は目指した。だから彼は、一九五四年当時、保革二大政党制の前提となる、保守合同（自由民主党の結成）を実現させるために「暗躍」していた三木武吉の支援を受けながら、社会党系代議士なども積極的に巻き込みながら、原子力予算を通過させ、原子力の平和利用に向けて一路邁進していたのである。

【参考文献】
・小路田泰直・岡田知弘・住友陽文・田中希生編『核の世紀―日本の原子力開発史』（東京大学出版会、二〇一六年）。
・加藤哲郎『日本の社会主義―原爆反対・原発推進の論理』（岩波書店、二〇一三年）。

二、勝利なき戦争へ

確かに、日中戦争勃発以降、参謀本部作戦課長の地位も解かれ、石原の軍部内での影響力が急速に弱まっていったのは事実であり、したがってその石原の考え方に、どれほどの影響力があったかは定かではない。ただこの考え方があればこそ許容される、負けるための戦いに、日本の軍部が、どんどんとのめり込んでいったのもまた事実であった。連合艦隊司令長官山本五十六が、日米開戦に際して、最初の半年ぐらいは暴れ回ってみせるが、その後はどうなるかわからないといって、真珠湾攻撃を計画したことはよく知られているが、よくよく眺めてみると、山本五十六のみならず、日米開戦に際して、清水の舞台から飛び降りた気持ちでその決断をした指導者はいても、勝利の展望をもってその決断をした指導者はいなかった。ということは、意識してか、せざるかは別として、多くの戦争指導者たちが、満州事変のときと同様、やはり石原莞爾の世界最終戦論に引きずられながら、日米開戦の火蓋を切って落としたのである。

さらにいえば、日米開戦に至る様々な段階で活躍した、松岡洋右・東條英機・鮎川儀助・星野直樹・岸信介といった人々が、「二キ三スケ」と呼ばれ、石原莞爾のつくりあげた満州国の開発・統治に大いに活躍した人たちであったことなども、そのことに影響したと思われる。大東亜共栄圏構想は、超大国主導の――その場合の超大国は日本――国際秩序を目指すという点において、石原の世界最終戦論の、矮小化された焼き直しに過ぎなかった。

何れにしても、一九四一年一二月八日に始まった戦争は、戦うこと自体を目的にした戦争であって、勝つことを目的にした戦争でなかった。誰も勝利への確信をもっていなかったのだからそういうしかない。だから勝つための合理性を欠き、あらゆる行動、作戦が自滅的になった。

一九四一年一月、第二次近衛文麿内閣の陸軍大臣であった東條英機は、「戦陣訓」なる戦闘心得を示達したが、その中で「生きて虜囚の辱めを受けず」との有名なフレーズを用意した。

軍人が死力を賭して戦った後に、降伏し捕虜になり、捕虜として人道的な処遇を受けることは、一八九九年にオランダのハーグで開かれた第一回万国平和会議で決議され、一九〇七年の第二回万国平和会議で一部修正され締結された、ハーグ陸戦条約によって保証された正当な権利であり、日本も同条約を批准し、一九一二年には「陸戦ノ法規慣例ニ関スル条約」として公布している。だから第一次世界大戦中のドイツ軍捕虜の取り扱いに関しては細心の注意を払い、国際的にも高い評価を受けていた。それを事実上否定するかのような戦闘心得を出したのである。負ければ死ぬしかないことを、兵に強要したのである。勝つ気のない戦いに臨んだ国にふさわしい、残酷な戦闘心得であった。

そしてこの戦陣訓が数多くの悲劇を生んだ。勝ち目のない戦いを戦い、敗色が濃厚になると、日本軍は、降伏し捕虜になるのではなく、自決を選んだ。あるいは「バンザイ突撃」を繰り返し、玉砕（全滅）していったのである。アリューシャン列島のアッツ島での玉砕以来、太平洋の島々で繰り返された玉砕は、かくして起きた。アッツ島玉砕を教訓に、同じアリューシャン列島のキスカ島から守備隊約五千名を無傷で救出したキスカ島撤退作戦などは、例外中の例外に属する作戦であった。しかも「生きて虜囚の辱めを受けず」との考え方は、軍人だけでなく一般の国民にまで浸透し、太平洋の防波堤といわれたサイパン島や、沖縄で、住民もまた捕虜になることを拒み、あるいは拒まされ、守備隊と運命をともにした。サイパン島の一角に刻まれたバンザイ岬の名は、多くの民間人が海に身を投げた悲劇の記憶であった。

また自らが「生きて虜囚の辱めを受けず」との考え方に囚われた人たちは、敵に対しても同じことを求めた。開戦初頭、マニラ（フィリピン）郊外のバターン半島と、その先端にあるコレヒドール島要塞の陥落に伴って発生した、大量の米・比軍捕虜たちに対して、後に「バターン死の行進」と呼ばれる過酷極まる行進を迫ったことなど、日本軍は各地で捕虜虐待を重ねた。さらには占領地住民に対する残虐行為を繰り返した。

しかもそれに止まらなかった。戦陣訓的自殺志向が高まると、特攻攻撃のような非人道的な作戦も発案され、決行された。フィリピンの防衛戦以来、航空機による敵艦船に対する体当たり攻撃を目的とした、神風特別攻撃隊が編成され、人があたかも兵器の如くあつかわれ、次々と殺されていった。一九四五年四月七日に敢行された、戦艦大和による沖縄に向けての水上特攻などは、何の戦略上の益もなく、兵四千人の命を道連れに行われた、連合艦隊自身の自殺行動であった。もはや攻撃でさえなかった。

そして人命が軽んじられ、兵の損耗への抵抗感がなくなると、作戦指導自体が合理性を欠いたものになっていった。一九三九年のノモンハン事件で大敗を喫した責任者の辻政信が、その責任を問われることもなく、参謀本部において「作戦の神様」ともてはやされ続け、ポートモレスビー（ニューギニア島南部）攻略作戦、ガダルカナル島奪還作戦、インパール作戦などに次々と失敗し続けるという悲劇もおきた。インパール作戦などは、重火器も持たず、僅かばかりの食糧と小銃弾だけを携行した歩兵を大量にビルマ・インド国境地帯に投入するという、無謀極まる作戦であった。

海軍とて同じであった。もとをただせば戦艦による艦隊決戦を志向し、航空兵力の充実に懐疑的で、山本五十六などとは考え方を異にしていた南雲忠一を、開戦の半年ほど前に、年功序列人事で第一航空艦隊（空母機動部隊）司令官に任じ、真珠湾奇襲攻撃の責任者にした。戦時の緊張感を欠いた、適材適所を無視した人事であった。そしてその結果、一見成功したかにみえた真珠湾攻撃においてさえ、敵空母部隊の撃滅に失敗し、半年後のミッドウェイ海戦では主力空母四隻を一挙に失うという大敗を喫してしまった。また、マッカーサーの反抗作戦の天王山となったフィリピン・レイテ湾上陸作戦に対して、戦艦大和他の砲撃をもって大打撃を与えるチャンスをせっかく掴みながら（レイテ沖海戦）、突然艦隊を反転させて、戦場を離脱させてしまうという、信じ難い判断ミスなどもおかした。多くの将兵が、作戦の不合理性のゆえに死んでいった。

これらは全て、勝利という目標を見失った戦いからくる悲劇であった。そしてその勝利という目標を見失ってなお戦う正当性があるとすれば、それは石原的世界最終戦論に依るしかなかったのである。直接の影響の有無に関わらず、石原の世界最終戦論がこの国の戦争に重たくのしかかった所以であった。

そしてかかる戦い方をしたことが、私が仮定するように、もし石原的世界最終戦論に魅入られた結果で

わだつみ像を積んで京都市内をデモ行進する学生（1953 年 11 月 11 日）
戦後すぐ（49 年）、第 2 次世界大戦で学徒動員され死亡した戦没学生の遺稿集『きけわだつみのこえ』が刊行されたが、その印税を基金として本郷新の手で製作されたのが「わだつみ像」である。当初、東京大学に設置することが計画されたが大学が拒否し、京都の立命館大学に誘致されることになった。
提供 / 毎日新聞社

あったとすれば、理解し易いことがある。それは広島・長崎に原爆が投下されるまでは、殆ど有効な終戦工作を行えなかった日本の支配層が、それが投下されるや、たちどころにポツダム宣言受諾に向けて動き始めたその素早さである。世界最終戦は「一度あたると何万人もがペチャンコにやられるところの」「破壊の兵器」の実戦投入を以て終わるべき戦争だったからであった。

三、日本国憲法への転轍

さて一九四五年八月一五日、日本は完全に敗北したのだろうか。それとも石原が世界最終戦論で予測したように、超大国アメリカを中心とした世界の恒久平和体制の構築に、敗戦国、被爆国になることによって貢献し、故にその中に新たなポジションを獲得する第一歩を踏み出したのだろうか。

表向きは無条件降伏だが、私は後者だと思う。その程度には余力を残した敗北だったと思われるからである。そこで気になるのが、先にも触れた、開戦の決断を正当化するにあたって昭和天皇が示した、もしその決断をしていなければ「今次の戦争に数倍する悲惨事が行はれ、果ては終戦も出来兼ねる始末となり、日本は亡びる事になつ〔た〕であらう」との判断である。これが支配層全体の判断だったとすれば、もっと無残な敗戦が彼らにはイメージされていたはずだからである。

だから、連合国軍最高司令官マッカーサーの押し付けてきた憲法改正草案なども、実は予想の範囲内として、さほどの違和感もなく受け入れることができたのではないだろうか。それはマッカーサー草案が示された直後の、一九四六年二月一九日の、幣原喜重郎内閣の閣議の様子をみればわかる。当時厚生大臣として入閣していた芦田均の日記によれば、それは次のようなものであった。
最初、三土忠造内務大臣と岩田宙造法務大臣が「吾々は之を受諾できぬ」と述べ、受け入れに反対したが、芦田が「若しアメリカ案が発表せられたならば我国の新聞は必ずや之に追随して賛成するであらう、其際に現内閣が責任はとれぬと称して辞職すれば、米国案を承諾する連中が出てくるに違ひない、そして来るべき総選挙の結果にも大影響を与へることは頗る懸念すべきである」と述べ、マッカーサー草案を拒否した時の悪夢を語ると、たちまち雰囲気は一変し、「米国案は主義として日本案と大差無し」との結論に達した。憲法問題調査委員会委員長として独自に憲法草案を練っていた松本烝治でさえ、「米国案」に「賛同」し、「先方の案は形に見る程大懸隔あるものとは思はれないから正面から反対する必要はない」といい出す始末であった。瞬く間に「米国案は主義として日本案と大差無し」ということになってしまったのである（『芦田均日記』第一巻、七七頁）。

あまりの逡巡のなさに驚く。はたして日本の支配層は、占領軍に対して一言物申す勇気もない卑怯者の集まりだったのか、はたまた、すでにマッカーサー草案を受け入れる心の準備のできた人々の集まりであったのか、そのいずれかということになるが、当然答えは後者である。

そこで改めてみておきたいのが、次の日本国憲法第九八条二項の挿入の経緯である（潁原二〇〇四年）。

第九八条　この憲法は、国の最高法規であつて、その条規に反する法律、命令、詔勅及び国務に関する
　その他の行為の全部又は一部は、その効力を有しない。
②　日本国が締結した条約及び確立された国際法規は、これを誠実に遵守することを必要とする。

九八条二項とは、そもそも「憲法」と並べて、「日本国が締結した条約及び確立された国際法規」もまた「最

高法規」として扱おうという条項であったが、かかる項目の挿入は、実はGHQも想定していなかった。むしろ日本側が、帝国議会における草案審議の過程で挿入したものであった。

そこで注目すべきは、第九〇帝国議会に設けられた衆議院帝国憲法改正委員会小委員会における、委員長芦田均の次の発言である。彼はその挿入の経緯に触れ「実ハ私ニ其ノ事ヲ話シタ人」がおり、その人の案が、元は「国際条約、法規等ハ此ノ憲法ト共ニ尊重セラレナケレバナラナイト云フ文句デアツタ」(『第九十回帝国議会、衆議院、帝国憲法改正委員会小委員会速記録』二二八頁)と述べていた。その挿入を指示した人物のいたこと、さらにはその指示内容は、より露骨に「国際条約」を憲法と並ぶ「最高法規」にせよというものであったことを暴露しているのである。

ではその挿入を指示した人物とは誰だったのか。明らかに美濃部達吉であった。一九四七年に出版した日本国憲法の解説書『新憲法概論』において美濃部は、第九八条(案の段階では第九四条)二項の原案が、実は「この憲法並びにこれに基いて制定された法律及び条約は国の最高法規とし」云々というものであったこと、そしてそれが上記のような成案になったことについては「唯政府の原案に示されて居たやうな条約が国内法規としても法律と等しく最高法規たることの趣意は、全く示されないことになつたのは遺憾である」(美濃部一九四七年、四七~四八頁)と率直に述べている。美濃部が述べていたことは、芦田が「私ニ其ノ事ヲ話シタ人」から受けた示唆そのものであった。この点からも、日本国憲法に第九八条二項を挿入させたのが美濃部達吉であったことは、ほぼ間違いのない事実である。そしてそうした条項の挿入に、独立国の憲法にふさわしくないとの理由で一人反対したのは、法制局長官佐藤達夫のみであった。

そして考えてみれば、この「国際条約」を憲法と並ぶ「最高法規」にするという発想は、美濃部憲法学説の中核をなす、主権の自己制限論がなければ容易に出てこない発想であった。彼がその条項挿入の指示者になったのは、その意味で当たり前のことであった。

となると日本国憲法は、ＧＨＱによるマッカーサー草案の押し付けの所産であると同時に、国体明徴事件以来一〇年間、異端の誇りを受け続けてきた美濃部憲法学復活の所産でもあったことになる。そして両者は、美濃部流主権の自己制限論を真ん中に挟めば、見事に融合していたのである。

ならば日本の支配層に、日本国憲法とそれに伴う体制を受け入れる心の準備ができていたとしても、それはおかしくはなかった。彼らの多くは、東京帝国大学法学部で美濃部憲法学を学んだ法制官僚だったからであった。

ちなみに美濃部については、一九四六年六月八日の枢密院本会議において、憲法改正草案に賛成しなかったただ一人の顧問官であったことから、戦後という新しい時代に適応できなかったオールドリベラリストとしての評価が定着しているが、それはおよそ的外れな評価である（加藤典洋二〇一五）。憲法第九八条が憲法の最高法規性に関わる条項であり、それが彼の主張する、主権の自己制限論なくして生まれ得ない条項だったことを考えれば、日本国憲法の成立自体が美濃部憲法学の存在を前提にしていたことは今述べた通りである。憲法の精神を説いた「前文」が、一方で「主権が国民に存することを宣言し」ておきながら、他方「われらの安全と生存」を「平和を愛する諸国民の公正と信義」に委ねるとしたのも、その主権の自己制限論に立てばこそのことであった。敗戦後の美濃部は決して時代離れしたオールドリベラリストなどではなかった。日本国憲法の制定にも積極的に関与した、生きた憲法学者であった。

そしてそうなると、日本国憲法は、単なる押しつけ憲法ではなくなる。主権の自己制限論を介して、その押し付けを主体的に受け止めることによって、大日本帝国憲法体制の抱えた構造上の矛盾、天皇親政原理をとりながら、天皇を不執政におくことによって権力の四分五裂を招くという矛盾を克服するために、歴史の中で蓄積された二つの方法、一つは政党政治を実現するという方法、もう一つは、それこそ主権の自己制限論を用いて、主権的意思（統治権的意思）の形成を、主に国際社会から――当然、慣習など国内的諸力からも――加えられる「制限」に委ねるという方法を、積極的に制度化した憲法ということになる。まさに美濃部憲法学説が具現され、復活した憲法ということになるのである。

ただ今、日本国憲法をそのような憲法として捉える人は少ない。相も変わらず、それを押し付け憲法として捉えるか、しからずんば、一九四五年八月一五日に起きた革命に匹敵する出来事が生み落とした、それまでの日本にはなかったタイプの新しい憲法と捉えるかの、二つに一つになっている。そしてそれが、この国の憲法論争を極めて不毛なものにしている。

一九五五年に保守合同によって自由民主党（自民党）が誕生したとき、自民党は「党の政綱」の第六（独立体制の整備）に自主憲法制定を掲げ、憲法改正を目指すとした（自由民主党「党の政綱」第六）。しかしそれから七〇年が経って、ようやく改憲の可能性が現実のものとなり始めた二〇一九年に、安倍晋三首相が示した改憲の方向性は次の四点に過ぎなかった。

①「自衛隊」の明記と「自衛の措置」への言及

・憲法改正により自衛隊をきちんと憲法に位置づけ、「自衛隊違憲論」は解消すべき

・現行の九条一項・二項とその解釈を維持し、自衛権を明記するとともに自衛の措置（自衛権）についても言及すべき

②国会や内閣の緊急事態への対応を強化
③参議院の合区解消、各都道府県から必ず一人以上選出へ
④教育環境の充実

天皇の地位も変えなければ、焦点の憲法第九条さえ根本的には変えないというものであった。次の九条の二項の廃止をいわなければ、三項を追加し自衛隊を明記するだけでは九条を変えたことにならない。結局、押し付け憲法批判の空虚さを暴露しただけに終わってしまったのである。

①日本国民は、正義と秩序を基調とする国際平和を誠実に希求し、国権の発動たる戦争と、武力による威嚇又は武力の行使は、国際紛争を解決する手段としては、永久にこれを放棄する。

②前項の目的を達するため、陸海空軍その他の戦力は、これを保持しない。国の交戦権は、これを認めない。

逆に護憲を主張する側の人々も、起きてもいない「八月革命」――敗戦をきっかけにした憲法制定権力の誕生――を語らなければ、日本国憲法の正当性が語れないという矛盾に陥ってしまってきた。それにより憲法を、日本の歴史と現実に根ざさない、とことん形而上学的な規範に棚上げしてしまってきたのである。

そしてそれが、この国で日本国憲法を語ることを不毛にしてきたのである。

四、癒しと時間

ではなぜこの国のリーダーたちは、右も左も日本国憲法を日本憲政史上の必然とは捉えずに、日本の歴史

に突如挿入された一つのエピソードとして捉えたのか。「押し付け憲法」も、突然起きた「八月革命」のもたらした、理想主義の結晶としての憲法も、日本の歴史にとっては、突如挿入されたエピソードに過ぎない。

そこで改めて、最高戦争指導者天皇の意図にそって、日本名「大東亜戦争」の性格について整理しておくと、それは「若し開戦の決定」をしなければ国内が大混乱に陥り、その結果「狂暴な戦争が展開され、今次の戦争に数倍する悲惨事が行はれ、果ては終戦も出来兼ねる始末となり、日本は亡びる事になつ〔た〕であらうと」との予測の下、負けを承知で始められた戦争であり、「終戦」ができる程度の敗北を喫した段階で、何ら有効な決断も下せずにいた政府や統帥部に代わって、天皇がポツダム宣言受諾の「聖断」を下したことで、国を滅ぼすことなく終わることのできた戦争であった。三〇〇万人の犠牲は、その、国を、亡国の憂き目から救うための尊い犠牲であった。

少なくもと昭和天皇は、戦後こう整理した。しかしかかる整理を行う天皇と、ポツダム宣言の受諾を告げる玉音放送を聞くや、敗戦を自らの努力不足の結果と受け止め、宮城前に平伏し、天皇に詫びた多くの国民の間には、あまりに大きな乖離があった。最初から負けるとわかって戦わされていたなどとは夢々思わないから、彼らは詫びたのである。となると、その事実を聞き知れば、彼らの贖罪は憤りに転化した。

一九四六年五月一九日、皇居（宮城）前広場においてに、「飯米獲得人民大会」なる集会（二五万人が参加）が開かれたが、この所謂食糧メーデー（米よこせメーデー）において、「ヒロヒト詔書曰ク国体はゴジされたぞ朕はタラフク食ってるぞナンジ人民飢えて死ねギョメイギョジ」と書いたプラカードが掲げられ、掲げた松島松太郎なる人物が不敬罪に問われる事件が起きた。しかし結局不敬罪は空振りに終わり、大赦を理由に取り消され、不敬罪自体が翌一九四七年には廃止されてしまった。

天皇の名において戦争にかり立てられた国民の怒りの大きさと、それに対処する能力を喪失した、国家の側の弱体ぶりを示す事件となった。

そしてこの、国家の存続に至上の価値をおき、あえて負けを承知の戦争に踏み切った、昭和天皇をはじめとする国家指導者たちと、その負けを承知の戦争に動員され、三〇〇万人もの死を強いられた多くの国民との間の心の乖離が、日本国憲法を日本憲政史上の必然として捉える視点を、失わせしめてしまったのである。負けを承知の戦争の当事者とはみられたくないという感情が、支配層の全体に広がったからであった。

そうみられないためには、やはり「大東亜戦争」を通常の勝つための戦争と仮定し、敗戦を、時に理あらずして負けた結果とみなすか、もしくは、自らが支配層の一員であること自体を否定し、怒れる国民の側に百パーセント身を置くしか、なかったからであった。押し付け憲法論であれ「八月革命論」であれ、そのための方便にすぎなかった。

しかし戦後八〇年も経ったのである。そろそろ方便から脱却してもいいのではないか。そうしないとこの国の民主主義が、「万年与党」と「万年野党」によって構成されるいびつな民主主義から脱却できないのである。言い方を変えると、一九二〇年代に一度は実現した、政党による政権交代を当たり前のこと（憲政の常道）と考える政党政治に、永遠に戻れなくなってしまうのである。自由民主党の一党支配が永続する政党政治など、言葉の上の矛盾に過ぎない。

果たしてそれで良いのだろうか。少なくとも私は良いとは思わない。その結果自由闊達な言論が封殺され、この国からあらゆるレベルにおいて、活力が失われていくからである。歴史の戻るべき時点には戻るべきである。

あとがき

さて、最後に、ここまで述べてきたこととの関連で、父の話をして終わろう。私の父は一九二三年に貧しい家庭に生まれ、苦学の末ようやく大学の門を叩いた途端、一九四三年、大学生や専門学校生に対する徴兵猶予がなくなり、入隊。ソ満国境の守備についていたときに終戦を迎え、その後シベリアに四年以上抑留された、まさに戦争世代の一人であった。

シベリアで、後に岡田嘉子の二番目の夫になった滝口新太郎と同じ部隊にいたことがきっかけで、演劇に親しみ、演劇や映画をこよなく愛した人でもあった。時代劇が好きで、私も、毎年一二月になると父に連れられて忠臣蔵を見に行ったことを想い出す。

軍隊時代のことも、シベリア時代のことも、酔うと時々面白おかしく話してくれた。そして口癖は「勉強はしておけ」であった。数学が人並み以上にできたので砲兵隊に配属され、部隊がフィリピンに移動したときも教育係として満州に残された。もしフィリピンに行っていたら、間違いなく死んでいただろう、勉強はしておけというのが口癖であった。成績のことはあまりいわなかったが、教育熱心な父であった。

ただ面白おかしく語れないようなことは何も語らなかった。やはり戦争は辛い体験だったのだろう。シベリアでの窮乏生活が骨身に染みていたのだろう。じゃがいもは生涯口にしなかった。双葉百合子の歌う「岸壁の母」も嫌いだった。舞鶴にある引揚記念館も多分一度も訪れたことがないと思う。

そして語らないことが多い分だけ、父は反戦・平和主義者であった。「二度と戦争はしちゃあいかん」というのが信念だった。昨今それを「平和ボケ」と罵る人の多い、憲法九条絶対護持論者の一人だった。

時代が変わり、日本社会党もなくなり、護憲勢力がどんどん退潮していく中で、「もうそんな時代じゃないんじゃないの」という、常識的思考をするタイプの人が現れると、本気で怒っていた。信念のある憲法九条絶対護持論者であった。といって戦うのが怖いというタイプの人ではなかった。ソ連軍が満州に侵攻したとき、それを食い止めようと必死の戦いをした数少ない関東軍部隊があったが、その一つが自分の部隊であったことを、誇らしげに語る人でもあった。愛唱歌は「田原坂」と「戦友」であった。ソ連の影響か、無神論者でもあった。

ただ、こうして父の想い出をくってみるとき、ふと思うのは、なぜ戦後の日本には父のような、頑なともとれる絶対平和論者がたくさん生まれたのだろうか、憲法九条をどんなことがあっても守り抜こうとする人が、たくさん生まれたのだろうかということである。確かに父は人生が思うに任せなかった人であり、一種のルサンチマンであったのかもしれない。しかしつい数十年前まで、人口の三分の一は、父と同じような考え方を持つ人たちだった。

それを改憲派の人たちのように「平和ボケ」などといった言葉で嘲笑するのには、私は父の近くに居過ぎた。身内を軽蔑されて快く思う者はいない。

そしてあるとき、テレビの画面でであったと思うが、作家の半藤一利が理不尽な死が多過ぎたからだと、その理由を語っていたのを見て、なるほどと思った。死ななくてもいいのに、無意味な作戦に駆り出され、殺されていった人たちの怨念は、敵にではなく、味方に向く。広島県呉市に大和ミュージアムという施設があるが、そこには戦艦大和の水上特攻で犠牲になった全ての将兵たちの名前が刻まされている。それを目の当たりにし、これだけ多くの人たちが、戦略上何の価値もない作戦（天一号作戦）の犠牲になったのだと思うと、胸が熱くなった。そして半藤の語りに説得力が増した。父の属していた関東軍も、父が必死の戦いをしているとき、司令部は早々に朝鮮に退いていた。兵を見捨て、在留邦人（開拓団の人たち）を見捨てて我先に逃げる、そんな人たちのために戦っていたのである。

では何が、この多くの日本人が経験した理不尽な死をもたらしたのか。結局はここまで述べてきたように、勝つための戦争ではなく、負けるための戦争をしてしまったからではなかったのだろうか。

一九三〇年代の状況を考えると、それしか日本が生き残る方法はないと思い詰めた人たちがいたのもわかる。しかし、いかなる国家も突き詰めれば一人一人の人間の集合体である。人の感情にあまりに背くようなことを行えば、必ず大きなしっぺ返しを受ける。そのしっぺ返しが、父のような人の増加ではなかったのか。二度と国家に騙されてはならないと、心に誓う人々の増加である。

ならばその人たちを「平和ボケ」などといって揶揄すべきではない。むしろ負けるための戦争などという禁じ手を、なぜこの国の指導者たちは思いつき、使ったのか。そちらの方こそ解明しなくてはならないのである。そして長い時間をかけて、支配層と国民の間に生まれた心理的な溝を、理性の力を借りて埋めていかなくてはならないのである。本書もまたそのための努力だ。

そして未来において、二度とそんなことのないようにしなくてはならない。

石原莞爾が世界最終戦論を構想していたとき、彼らがそれをそう命名したかどうかは別として、同じように世界最終戦を構想していた人たちがアメリカにもいた、ユダヤ系アメリカ人バーナード・バルークであり、その後継者デビット・リリエンソールだ。バルークはウィルソン大統領の下で、第一次世界大戦中の軍事動員体制を支えて以来、アメリカ産軍複合体の生みの親となり、両大戦間期、影の大統領とまで呼ばれた人物だ。

リリエンソールも同じくユダヤ人であり、そのバルークの後を追い、TVA（テネシー川流域開発公社）を率いたことで知られる。彼らがマンハッタン計画を立案し、広島・長崎への原爆投下を実行したのである。このアメリカ版世界最終戦論者の列には、東京大空襲を指揮したカーチス・ルメイなどを加えてもいいのかも知れない。

石原莞爾の世界最終戦論は、日中戦争の開始と共にトーンダウンし、いつの間にか敗者の論理になり下がってしまったが、同じ論理を、勝者の論理として貫き、現実に移した人たちが世界にはいたのだ。

我々は、机上のプランを弄ぶことの怖さも経験したのである。

〈参考史料〉


『吾妻鏡』第一（『国史大系新訂増補普及版』）吉川弘文館、一九七四年。

『大鏡』二（『日本の古典二九』）小学館、一九八七年。

『魏志倭人伝』石原道博編訳、岩波文庫、一九五一年。

『旧約聖書』Ⅰ、旧約聖書翻訳委員会訳、岩波書店、二〇〇四年。

『憲法構想』（『日本近代思想大系』九、岩波書店、一九八九年）。

『建武式目』（『中世政治社会思想上』日本思想大系二一、岩波書店、一九七二年）。

『古事記』倉野憲司校注、岩波文庫、一九六三年。

『自由党党報』第一号、立憲自由党、一八九一年一〇月。

『将門記』（『古代政治社会思想』日本思想大系八、岩波書店、一九七九年）。

『昭和天皇独白録』寺崎英成御用掛日記、文藝春秋、一九九一年。

『新約聖書』新約聖書翻訳委員会訳、岩波書店、二〇〇四年。

「遷都平城詔」（『古代政治社会思想』日本思想大系八、岩波書店、一九七九年）。

『第九十回帝国議会、衆議院、帝国憲法改正委員会小委員会速記録』衆議院。

『徳川実記』第一篇（『国史大系新訂増補版』）吉川弘文館、一九九八年。

「徳川斉昭十三箇条建議書（嘉永六年八月三日）」（『幕末政治論集』日本思想大系五六、岩波書店、一九七六年）。

「徳川斉昭十条五事建議書（嘉永六年七月十日）」（『幕末政治論集』日本思想大系五六、岩波書店、一九七六年）。

『日本書紀』一〜五、坂本太郎・家永三郎・井上光貞・大野晋校注、岩波文庫、一九九四〜九五年。

『八幡愚童訓』上（『寺社縁起』日本思想大系二〇、岩波書店、一九七五年）。

「北条泰時消息」〔北条重時宛・貞永元年九月一一日〕（『中世政治社会思想上』日本思想大系二一、岩波書店、一九七二年）。

『穂積八束博士論文集』上杉慎吉編、一九一三年。

『明治天皇紀』第八、宮内省臨時帝室編纂局編、吉川弘文館、二〇〇一年。

『羅山先生文集』（『藤原惺窩・林羅山』日本思想大系二八、岩波書店、一九七五年）。

『類聚三代格』前編（『国史大系新訂増補普及版』）吉川弘文館、一九七四年。

会沢安『新論』（『水戸学』日本思想大系五三、岩波書店、一九七三年）。

芦田均『芦田均日記』第一巻、岩波書店、一九八六年。

石橋湛山『石橋湛山評論集』岩波文庫、一九八四年。

荻生徂徠『政談』（『荻生徂徠』日本思想大系三六、岩波書店、一九七三年）。

荻生徂徠『弁道』（『荻生徂徠』日本思想大系三六、岩波書店、一九七三年）。

荻生徂徠『弁名』（『荻生徂徠』日本思想大系三六、岩波書店、一九七三年）。

北畠親房『神皇正統記』岩波文庫、一九七五年。

慈円『愚管抄』岩波文庫、一九四九年。

津田左右吉『歴史学と歴史教育』（『津田左右吉全集』第二〇巻、岩波書店、一九八八年）。

日蓮『立正安国論』（『日本古典文学大系』八二、岩波書店、一九六四年）。

平田篤胤『霊の真柱』（『平田篤胤・伴信友・大国隆正』日本思想大系五〇、岩波書店、一九七三年）。

福澤諭吉『国会難局の由来』（『福沢諭吉全集』第六巻、岩波書店、一九五九年）。

福沢諭吉『国会論』(『福沢諭吉全集』第五巻、岩波書店、一九五九年)。

藤田幽谷『勧農或問』(日本史籍協会『藤田幽谷関係史料』一、東京大学出版会、一九七七年)。

藤田幽谷『正名論』(『水戸学』日本思想大系五三、岩波書店、一九七三年)。

細川護貞『細川日記』中央公論社、一九七八年。

松平定信『宇下人言』岩波文庫、一九四二年。

陸奥宗光『蹇蹇録』岩波文庫、一九八三年。

本居宣長『古事記伝』一之巻(『本居宣長全集』第九巻、筑摩書房、一九六八年)。

本居宣長『玉くしげ』(『本居宣長全集』第八巻、筑摩書房、一九七二年)。

本居宣長『直毘霊』(『本居宣長全集』第九巻)。

横井小楠『国是三論』(『渡辺崋山・高野長英・佐久間象山・横井小楠・橋本左内』日本思想大系五五、岩波書店、一九七一年)。


〈参考文献〉

朝尾直弘　一九九四年『将軍権力の創出』岩波書店。
朝日新聞社　一九六三年『太平洋戦争への道』(全八巻)朝日新聞社。
網野善彦　一九九八年『東と西の語る日本の歴史』講談社学術文庫。
網野善彦　二〇〇一年『「日本」とは何か』講談社。
有泉貞夫　一九八〇年『明治政治史の基礎課程—地方政治状況史論—』吉川弘文館。
家永三郎　一九六四年『美濃部達吉の思想史的研究』岩波書店。

ゲオルグ・イエルネック　一九七四年『一般国家学』学陽書房。
石原莞爾　一九七二年「戦争史大観（一九二九年）」「最終戦争論（一九四〇年）」「『最終戦争論』に関する質疑回答（一九四一年）」「『戦争史大観』由来記（一九四一年）」（『最終戦争論』経済往来社）。
石母田正　一九七一年『日本の古代国家』岩波書店。
井上　薫　一九八七年『行基』（人物叢書）吉川弘文館。
伊藤　隆　一九六九年『昭和初期政治史研究―ロンドン海軍軍縮問題をめぐる諸政治集団の対抗と提携』東京大学出版会。
伊藤　隆　二〇一三年『昭和史をさぐる』吉川弘文館。
伊藤博文　一九四〇年『憲法義解』岩波文庫。
ニコラス・ウェイド　二〇〇七年『五万年前―このとき人類の壮大な旅が始まった』沼尻由紀子訳、イースト・プレス。
マックス・ウェーバー　一九七〇年『支配の諸類型』世良晃志郎訳、創文社。
上原専禄　一九六〇年『日本国民の世界史』岩波書店。
潁原善徳　二〇〇四年「日本国憲法の最高法規性に対する疑問」（小路田泰直・奥村弘・小林啓治編『憲法と歴史学―憲法改正論争の始まりに際して―』ゆまに書房）。
小関素明　二〇一四年『日本近代主権と立憲政体構想』日本評論社。
スティーヴン・オッペンハイマー　二〇〇七年『人類の足跡10万年全史』仲村明子訳、草思社。
加藤哲郎　二〇一三年『日本の社会主義―原爆反対・原発推進の論』岩波書店。
加藤典洋　一九九七年『敗戦後論』筑摩書房。

勝俣鎮夫　一九八二年『一揆』岩波新書。
勝俣鎮夫　一九九四年「一五～一六世紀の日本」（『岩波講座日本通史一〇』岩波書店）。
小路田泰直　一九八一年九月「「明治一四年の政変」と関西貿易社」（『日本史研究』二二九）。
小路田泰直　一九九一年『日本近代都市史研究序説』柏書房。
小路田泰直　一九九七年『日本史の思想―アジア主義と日本主義の相克』柏書房。
小路田泰直　二〇一二年『神々の革命―『古事記』を深層から読み直す』かもがわ出版。
小路田泰直　二〇一四年『卑弥呼と天皇制―王統の誕生と記紀神話』洋泉社歴史文庫。
小路田泰直・岡田智弘・住友陽文・田中希生編　二〇一六年『核の世紀　日本原子力開発史』東京堂出版。
小路田泰直　二〇二〇年「聖書と記紀から読み解く天皇論」（小路田泰直・田中希生編『私の天皇論』東京堂出版）。
小路田泰直編　二〇一七年『日本史論―黒潮と大和の地平から』敬文舎。
斉藤恵美　二〇一七年「熊野の神と本質」（小路田泰直編『日本史論―黒潮と大和の地平から』敬文舎）。
佐々木潤之介　一九六九年『幕末社会論―「世直し状況」研究序説』塙書房。
佐藤進一　二〇〇五年『日本の歴史〈9〉南北朝の動乱』中公文庫。
佐藤進一　二〇二〇年『日本の中世国家』岩波文庫。
佐藤弘夫　二〇〇八年『死者のゆくえ』岩田書院。
下條信行編　一九八九年『弥生農村の誕生』講談社。
鈴木正幸　一九九三年『皇室制度』岩波新書。
鈴木正幸　二〇〇〇年『国民国家と天皇制』校倉書房。
住友陽文　二〇一一年『皇国日本のデモクラシー―個人創造の思想史』有志舎。

高橋富雄　一九八七年『征夷大将軍―もう一つの国家主権』中公新書。
高橋昌明　二〇一四年『京都〈千年の都〉の歴史』岩波新書。
高橋正衛　一九九四年『二・二六事件―「昭和維新」の思想と行動』中公新書。
高橋美由紀　二〇一〇年『伊勢神道の成立と展開』ぺりかん社。
田中嗣人　一九八三年『聖徳太子信仰の成立』吉川弘文館。
テツオ・ナジタ　一九七四年『原敬―政治技術の巨匠―』読売新聞社。
直木孝次郎　一九六一年『壬申の乱』塙書房。
西村さとみ　二〇〇五年『平安京の空間と文学』吉川弘文館。
西村さとみ　二〇〇八年「条坊のうちとそと」（舘野和己・小路田泰直編『古代日本の構造と原理』青木書店）。
西谷地晴美　二〇一三年『古代・中世の時空と依存』塙書房。
西山良平　一九八四年「律令制社会の変容」（歴史学研究会・日本史研究会編『講座日本歴史』古代2、東京大学出版会）。
早川庄八　一九八六年『日本古代官僚制の研究』岩波書店。
坂野潤治　一九七一年『明治憲法体制の確立―富国強兵と民力休養』東京大学出版会。
坂野潤治　一九九四年『大正政変―1900年体制の崩壊』ミネルヴァ書房。
平居一郎　二〇一五年『聖徳太子と信長の馬かけ』株式会社アトリエ・イオス。
広瀬和雄　二〇一九年『前方後円墳とは何か』中央公論新社。
福田豊彦　一九九六年『平将門資料集』新人物往来社。
藤谷俊雄　一九六八年『「おかげまいり」と「ええじゃないか」』岩波新書。

穂積八束　一九三五年『憲政大意』日本評論社。
カール・ポランニー　一九八〇年『人間の経済Ⅰ―市場社会の虚構性―』岩波現代選書。
松尾尊兊　一九八九年『普通選挙制度成立史の研究』岩波書店。
ブロニスワフ・マリノフスキー　二〇一〇年『西太平洋の遠洋航海者』講談社学術文庫。
カール・マルクス　一九七一年『ルイ・ボナパルトのブリュメール一八日』大月書店（国民文庫）。
丸山眞男　一九五二年『日本政治思想史研究』東京大学出版会。
水林　彪　二〇〇六年『天皇制史論』岩波書店。
三谷太一郎　一九六七年『日本政党政治の形成』東京大学出版会。
美濃部達吉　一九一二年『憲法講話』有斐閣。
美濃部達吉　一九二一年『時事憲法問題批判』法律時報社会。
美濃部達吉　一九三四年①『日本憲法の基本主義』日本評論社。
美濃部達吉　一九三四年②『憲法と政党』日本評論社。
美濃部達吉　一九三四年③『議会政治の検討』日本評論社。
美濃部達吉　一九四六年『憲法撮要』有斐閣。
美濃部達吉　一九四七年『新憲法概論』有斐閣。
宮沢俊義　一九七〇年『天皇機関説事件』上下、有斐閣。
八ヶ代美佳　二〇一七年『孫文と北一輝―〈革命〉とは何か』敬文舎。
安丸良夫　一九七九年『神々の明治維新―神仏分離と廃仏毀釈』岩波新書。
山室信一　二〇〇四年『キメラ―満州国の肖像』中公新書。

吉田　孝　一九八三年『律令国家と古代の社会』岩波書店。
ジャン・ジャック・ルソー　一九五四年『社会契約論』岩波文庫。
歴史学研究会編　一九七一〜七三年『太平洋戦争史』（全六巻）青木書店。

小路田 泰直（こじた・やすなお）

奈良女子大学名誉教授。古き良き時代の日本史研究会近現代史部会で育つ。1954年神戸市生まれ。最終学歴は京都大学大学院文学研究科単位取得退学。橘女子大学と奈良女子大学で35年程教鞭をとり、『日本近代都市史研究序説』（柏書房、1991年）が最初の著書、転機となったのは『日本史の思想』（柏書房、1997年）。

日本史の政治哲学――非西洋的民主主義の源流
〈講座：わたしたちの歴史総合(世界史×日本史) 6〉

2023年2月25日　第1刷発行

著　者　ⓒ小路田泰直
発行者　竹村正治
発行所　株式会社　かもがわ出版
〒602-8119　京都市上京区堀川通出水西入
TEL 075-432-2868 FAX 075-432-2869
振替　01010-5-12436
ホームページ　http://www.kamogawa.co.jp
印刷所　シナノ書籍印刷株式会社

ISBN978-4-7803-1266-9　C0320

総合索引等は「わたしたちの歴史総合」シリーズ特設ページで
http://www.kamogawa.co.jp/campaign/tokusetu_rekishi.html